APRENDER E ENSINAR COM TEXTOS

VOLUME
**11**

# LITERATURA, TELEVISÃO, ESCOLA

Estratégias para leitura de adaptações

**Dados Internacionais de Catalogação na Publicação (CIP)**
**(Câmara Brasileira do Livro, SP, Brasil)**

Nagamini, Eliana.
   Literatura, televisão e escola : estratégias para leitura de adaptações / Eliana Nagamini. – São Paulo : Cortez, 2004. – (Coleção aprender e ensinar com textos ; v. 11 / coord. geral Adilson Citelli, Ligia Chiappini)

   Bibliografia
   ISBN 85-249-0975-7

   1. Literatura - Adaptações  2. Prática de ensino  3. Sala de aula – Direção  4. Televisão – Adaptações   I. Citelli, Adilson. II. Chiappini, Ligia.   III. Título.  IV. Série.

03-6073                                                    CDD-371.39

**Índices para catálogo sistemático:**

1. Adaptações literárias e televisivas : Prática pedagógica : Educação    371.39

APRENDER E ENSINAR COM TEXTOS

Coord. Geral: Adilson Citelli • Ligia Chiappini

VOLUME
11

# LITERATURA, TELEVISÃO, ESCOLA

Estratégias para leitura de adaptações

ELIANA NAGAMINI

CORTEZ EDITORA

LITERATURA, TELEVISÃO, ESCOLA: Estratégias para leitura de adaptações
Eliana Nagamini

*Capa:* DAC
*Ilustração de capa:* Cláudia Chiappini Moraes Leite
*Preparação de originais:* Elisabeth S. Matar
*Revisão:* Maria de Lourdes de Almeida
*Composição:* Dany Editora Ltda.
*Coordenação editorial:* Danilo A. Q. Morales

Nenhuma parte desta obra pode ser reproduzida ou duplicada sem autorização expressa da autora e do editor.

© 2003 by Autora

Direitos para esta edição
CORTEZ EDITORA
Rua Bartira, 317 — Perdizes
05009-000 — São Paulo-SP
Tel.: (11) 3864-0111   Fax: (11) 3864-4290
E-mail: cortez@cortezeditora.com.br
www.cortezeditora.com.br

Impresso no Brasil — abril de 2004

# Sumário

Agradecimento especial .................................................. 8

Apresentação .................................................................. 9

Introdução ..................................................................... 15

Capítulo 1 — Romance e adaptação ............................ 22
   1.1. *Memórias de um sargento de milícias*, de Manuel Antônio de Almeida .............................................. 22
   1.2. A gênese da obra como romance-folhetim ........... 33
   1.3. Adaptação do texto literário: uma problemática ............................................................. 35

Capítulo 2 — Vidigal ..................................................... 40
   2.1. Texto televisivo ....................................................... 40
   2.2. O gênero na TV ..................................................... 42
      2.2.1. Nem telenovela nem minissérie: um gênero quase singular .................................................... 45
   2.3. Aspectos técnicos do texto televisivo .................. 50
      2.3.1. Produção de imagem ........................................ 50
      2.3.2. Efeitos visuais ................................................... 53
   2.4. A carnavalização como fator decisivo no processo de adaptação ............................................. 54
      2.4.1. O espaço carnavalesco .................................... 54
      2.4.2. Construção da linguagem da praça pública . 57

Capítulo 3 — Do livro à TV ................................................. 71
   3.1. Texto literário e texto televisivo .............................. 71
   3.2. Texto teatral e texto literário ................................... 78
   3.3. Códigos utilizados ..................................................... 81

Capítulo 4 — Trajetória dos personagens ........................ 93
   4.1. Importância dos personagens no processo de
        adaptação ................................................................. 93
   4.2. Leonardo (esquema 1) ............................................. 95
   4.3. Vidigal (esquema 2) ................................................. 99
   4.4. Vidinha (esquema 3) ............................................... 102
   4.5. Luisinha (esquema 4) .............................................. 103
   4.6. José Manuel (esquema 5) ........................................ 104

Capítulo 5 — A presença da adaptação *Vidigal* na sala
de aula ................................................................................ 113

Capítulo 6 — Estudo de outras adaptações:
possibilidades de trabalho ................................................ 117
   6.1. Adaptação de conto ................................................. 118
      6.1.1. Título: O comprador de fazendas ................. 118
      6.1.2. Título: A sonata ............................................. 129
      6.1.3. Título: A coleira do cão ................................. 140
   6.2. Adaptação de peça teatral ....................................... 148
      6.2.1. Título: Os mistérios do sexo ......................... 148
   6.3. Adaptação de crônica .............................................. 160
      6.3.1. Título: História do passarinho ..................... 160
   6.4. Adaptação de romance ............................................ 167
      6.4.1. Título: A bagaceira ........................................ 167
   6.5. Adaptação de poesia ................................................ 177
      6.5.1. Título: Lira Paulistana ................................... 177
   6.6. Adaptação de conto e peça teatral ......................... 187
      6.6.1. Título: História de Carnaval ......................... 187

6.7. Programas de longa duração: microssérie e minissérie ................................................................. 193
    6.7.1. A peça teatral adaptada para microssérie ..... 193
    6.7.2. Minisséries inspiradas em romances ............. 202

Conclusão ........................................................................ 205

Bibliografia ..................................................................... 207

# Agradecimento especial

À Central Globo de Comunicação pela concessão das imagens apresentadas neste livro.

# Apresentação
# O trabalho da leitura

> "O saber é um *trabalho* — é uma negação que transforma o que lhe é resistente, opaco, em algo que se eleva à dimensão do conceito, que clarifica uma experiência." (Marilena Chauí)

*Literatura, televisão, escola: estratégias para leitura de adaptações*, que aqui se abre a novos leitores, apresenta-se como um texto cuja origem, e também principal alvo, é o desejo de documentar e produzir ações na sala de aula. Agora sob a forma do livro, e com várias modificações em relação ao Mestrado em Teoria Literária e Literatura Comparada na Faculdade de Filosofia, Letras e Ciências Humanas da Universidade de São Paulo — de que é um resultado vivo —, o trabalho de Eliana Nagamini busca articular as vivências do professor às atividades do estudioso, numa feliz conjunção entre o gosto pela docência e a vontade da pesquisa que deveria estar na raiz de toda prática pedagógica a que se possa atribuir o valor de um saber. Não bastasse isso, e mesmo para ser fiel a essa origem, também há nele a proposição de que possa contribuir para gerar novas práticas que o professor e alunos, em sala de aula, poderão recriar, documentar, transformar.

A obra, da coleção "Aprender e ensinar com textos", representa, assim, mais um passo na tentativa de contribuir para a revalorização das atividades de docência, pesquisa e produção de conhecimentos voltadas para o sistema educacional brasileiro. E neste caso trata-se de um passo significativo, pois estamos diante de um trabalho em que os velhos truísmos, sem que sejam explicitamente negados, colocam-se de lado e se procura lidar com os dados diretos das experiências do aluno, que pouco lê e muito (te)vê. Embora todos saibamos que a tevê se instalou cedo num país em que o livro chegou tarde (seja pelas ainda alarmantes taxas de analfabetismo, seja pela predominância da cultura visual, responsável por formas específicas de alfabetização pouco mais que funcional), Eliana Nagamini insiste na busca de respostas a esse fato, de modo que se possa fazer da onipresença da cultura de massas na vida contemporânea um instrumento para o trabalho de transformação do professor, do aluno e das relações com a vida na sala de aula, por meio de uma prática que visa à formação de leitores. Por isso, *Literatura, televisão, escola* quer reunir instâncias em que se costumam ver apenas conflitos improdutivos e, a partir de tal junção, criar confrontos que movam a novos saberes.

O primeiro desses confrontos se dá, sem que Eliana Nagamini precise explicitá-lo, no campo da luta contra as falsas generalizações e a falta de saídas que delas resultam. Sabe-se como atua, no senso comum, a pressuposição generalizada de que, nos últimos decênios, a Literatura canônica pouco se presta ao interesse e à produção de conhecimento por parte de alunos; julga-se que, intoxicados pela facilidade e descartabilidade do império das imagens, eles preferem o espetáculo visual e sonoro trazido pelos meios de comunicação de massa ao que supõem ser o fastidioso movimento de acompanhar as frias páginas de um livro. Sem entrar no mérito de tais pressuposições, Eliana Nagamini constrói um campo de articulações: os meios de comunicação de massa trabalham com obras e técnicas inscritas na tradição literária, fazem delas suas fontes primárias e, em alguns casos, propõem-se diretamente a transformar o material verbal, literário, em séries cinematográficas ou televisivas. A adaptação de obras literárias para outras linguagens é um fato da realidade cultural da vida contemporânea, e, como tal, *pode* e *deve* ser tratado e trabalhado na sala de aula como *mais um* instrumento que contribui para o desenvolvimento de leitores — aqueles que estão na sala de aula talvez leiam pouca literatura mas certamente assistem a muita tevê, apenas decodificando o imediato e sem indagar-se sobre a significação.

Este é o centro do desafio e o foco do trabalho, de modo a que se respondam, sem fechar outras possibilidades, as indagações que dele decorrem. Dada a primazia da tevê sobre o livro na sociedade contemporânea, *como* utilizar o material televisivo na sala de aula, articulando o trabalho com a literatura ao trabalho da leitura de textos verbais e não-verbais? Diante das adaptações para a linguagem visual e sonora de um texto verbal, *como* se habilitar técnica e metodologicamente para lê-las, de maneira a ser capaz de compreender suas técnicas específicas (entre tantas outras, a presença da câmera, a composição imagem visual-diálogos, a construção das personagens, a significação do figurino e da trilha sonora)? *Como* perceber, para poder explicar, as diferentes determinações objetivas a que estão submetidos produtor e consumidor da obra literária e daquela produzida para tevê a partir da adaptação de um texto do sistema literário canônico? *Como* se armar para ler os resultados textuais de tais determinações e suas diferentes escolhas e significados? E, ao realizar o trabalho, *como* atuar para que o ato de ler não se reduza à decodificação imediata mas procure verticalizar a atribuição dos significados que decorrem do modo de construir o texto?

Quase em tom de conversa, sem nenhum dogmatismo e principalmente nenhuma pretensão de ditar normas ou receituários (sempre falseadores em se tratando de sugestões de trabalho em sala de aula), Eliana Nagamini se propõe a iniciar um processo para responder essas indagações, fundada em sua atividade (de professora e de pesquisadora) e nas necessidades que o material lhe foi impondo — como é imprescindível a toda pesquisa que respeite a especificidade de seu objeto. Seu material central é o programa *Vidigal*, adaptado por Jorge Furtado, em colaboração com Carlos Gerbase e José Toreno, e direção de Mauro Mendonça Filho, do núcleo Guel Arraes, o que, em si mesmo, já comprova a sabedoria da escolha, seja porque se trata da adaptação do importante *Memórias de um sargento de milícias*, de Manuel Antônio de Almeida, seja porque a obra já fôra objeto, nos tempos da ditadura militar, de adaptação para o palco teatral, nas mãos de Millôr Fernandes, seja, ainda, porque na adaptação para a tevê novas problemáticas se impuseram aos produtores. Como se vê, a eleição de *Vidigal* já convida a um trabalho em que os entrecruzamentos de dados históricos, técnicos e interpretativos constituem exigência interna. Dada a complexidade da tarefa, é com cuidado e simplicidade que a autora inicia o processo de "ler" o seu objeto, o que implica um movimento fecundo que torna produtiva a pesquisa e se vale de modo didático dos conhecimentos já produzidos sobre o assunto — sobre a obra literária e a revisão da leitura crítica mais importante a respeito dela; sobre os gêneros na tevê e a especificidade dos seus aspectos técnicos; sobre o significado das transformações da obra literária no texto televisivo; sobre as possibilidades do trabalho com adaptações em sala de aula. É assim que passamos de um a outro capítulo — num movimento que se inicia no primeiro e culmina no quinto capítulo —, lendo e (re)aprendendo sobre *Memórias de um sargento de milícias*, sobre *Vidigal*, e também sobre as técnicas e seu significado em diferentes meios. E, quase sem percebermos, somos convidados, no capítulo final, a reaprender e a tentar o desafio em outras produções televisivas. É, então, com sensibilidade crítica que Eliana Nagamini nos conduz a novas possibilidades, trazendo-nos sugestões de outros textos, adaptados de outras tradições literárias, buscando percorrer a variedade de gêneros que as produções televisivas comportam.

Durante toda a leitura de *Literatura, televisão, escola*, e sem que Eliana Nagamini queira nos "ensinar", vamos sentindo vontade de ouvir o aluno expor suas impressões sobre a criação do estereótipo do "malandro brasileiro" ou a discutir os vários significados da "carnavalização" ou a aprender que um foco da câmera cria significações insuspeitadas — apenas alguns dentre os vários conceitos em que a trama deste livro nos enreda. Vamos desejando também trabalhar, por exemplo, com *A coleira do cão*, adaptada do conto de Rubem Fonseca em roteiro de Antônio Carlos de Fontoura, sob a direção de Roberto Faria, ou, ainda, nos lembramos desta ou daquela outra adaptação que, julgamos, despertaria o interesse de nossos alunos do ensino fundamental ou do médio. E acabamos a leitura deste livro com o desejo de tentarmos uma atividade que leve em conta as possibilidades que o trabalho com a adaptação televisiva traz para o desenvolvimento das variadas formas de leitura, sem nos esquecermos de algumas das lições importantes deste livro: a recepção de uma obra não é fato exterior a ela, e sim uma de suas dimensões constitutivas; a atribuição de significado é o alvo da leitura, e os significados se constroem com os materiais e técnicas da própria obra. E, talvez, só consigamos chegar ao final deste trajeto com tantos desejos porque Eliana Nagamini não se propõe a criar modos unívocos de trabalho, mas a apresentar o seu trajeto; é assim que ela realiza o seu texto que, como se verá, abre-se a outras vozes, novas proposições.

Todos sabemos que um texto, verbal ou não-verbal, só se materializa na prática real da leitura. Também sabemos que a pressuposição de que haveria um objeto imutável — a literatura — foi, em parte, produto da própria alienação do campo das artes em relação à vida social. Contra o inventário estereotipado do que se considera "literatura" e as maneiras socialmente legítimas de ler, *Literatura, televisão, escola: estratégias para leitura de adaptações* escolhe o caminho crítico. Incorpora a tradição literária bem como a tradição crítica acumulada, e enfrenta os obstáculos com que todos nós, professores, deparamos. Diante das dificuldades de ler literatura, que grande parte de nossos alunos tem, propõe e executa a leitura de um programa de tevê; diante das dificuldades de *ler um texto verbal*, propõe que *assistamos ao livro*. Na brincadeira com as palavras com que Eliana Nagamini introduz seu trabalho sente-se o gosto saboroso do desafio da aprendizagem: trata-se de aprender o novo, a partir do que ainda nos é desconhecido ou estranho. Para isso precisamos nos armar de novos conhecimentos que, por sua vez, atiçam nossa imaginação — fundamento de todo ato de leitura, seja do livro, do filme, do mundo — e nos convidam a realizar aquelas que são, propriamente, as tarefas do saber: contribuir para o processo, sempre aberto, da formação; habilitar-se a indagar e a buscar respostas práticas para transformar aquilo que, anteriormente, devido ao desconhecimento e ao obscurecimento, parecia imutável.

*Ivone Daré Rabello*
Professora do Departamento de Teoria Literária e Literatura Comparada da FFLCH/USP. Autora dos livros *A caminho do encontro* (Estudo de *Contos novos*, de Mário de Andrade, e *Entre o inefável e o infando* (Uma leitura da poética de Cruz e Sousa), e de vários ensaios.

# Introdução

Uma das tarefas da escola é formar o aluno leitor do texto verbal. E, neste caso, os desafios são de várias ordens, desde as escolhas das estratégias de incentivo à leitura até a concorrência com outras linguagens, sobretudo as visuais. O aluno, muitas vezes, tende a trocar o texto literário por adaptações que deste são feitas para o cinema ou para a TV. Assim, temos uma realidade no mínimo intrigante: assistir ao livro.

Tal fato nos faz refletir sobre a importância da leitura nesses tempos em que impera uma visualidade peculiar, pautada na fragmentação, na rapidez e na virtualidade, a exemplo dos textos produzidos pelos meios de comunicação de massa (MCM). Por isso é importante entender também os mecanismos de criação e produção que envolvem as linguagens e as videotecnologias e saber como podem contribuir para o estudo do texto literário.

A análise das relações entre Literatura/Comunicação/Educação pode nos apontar outras estratégias que viabilizem um melhor trabalho de formação do leitor. Nesse sentido, deve-se pensar nas seguintes questões:

a) como incentivar o aluno a ler e evitar que ele troque, liminarmente, o livro pelo filme?

b) como mostrar ao aluno que o texto adaptado não substitui o original, pois cada um possui características específicas?

c) de que maneira as adaptações do texto literário para a TV poderiam auxiliar no desenvolvimento da leitura das obras originais e de textos visuais?

O estudo dos possíveis diálogos entre a linguagem literária e a televisiva ajuda-nos a refletir sobre a formação do leitor, pois o processo de transposição do texto literário para a TV envolve as contingências próprias do veículo de massa; muitas das decisões do adaptador são tomadas a partir dos objetivos da emissora e do formato a ser seguido, de acordo com um determinado público telespectador. Entretanto, embora exista um padrão, isso não significa que resulte em uma redução indiscriminada do texto original. Pode-se, na TV, produzir programas de qualidade, servindo inclusive para rediscutir e redimensionar o próprio texto literário.

O desenvolvimento de atividades abordando o processo de transposição é uma das possibilidades para despertar o interesse pela obra literária e estimular momentos de discussão e descoberta do livro, no espaço escolar.

A análise da presença da Literatura nos MCM é importante para que se compreenda as diferentes estratégias de leitura postas à disposição do leitor. Nesse sentido, é necessário rever, nos centros educacionais, qual a metodologia adequada para incentivar a leitura do texto literário transportado para outras formas discursivas, como a da TV.

É bom ressaltar que, na TV, o texto adaptado não tem a função de cumprir fins didático-pedagógicos, podendo remeter-se ao campo mais amplo do entretenimento. As obras que chegam à TV nem sempre são aquelas indicadas pela escola. Alguns fatores podem determinar as escolhas desses textos, tais como o custo da produção, o horário de exibição, o público a que se dirige.

A Literatura fornece textos de qualidade e, muitas vezes, a adaptação estimula a vendagem do livro. Tal fato já constituiria aspecto relevante para desenvolver estudos na sala de aula sobre o processo de transposição do texto literário para a

TV, visto que teriam boa aceitação pelos alunos, acostumados com a linguagem televisiva.

O professor atento à exibição das adaptações encontrará rico material e poderá propor atividades que estimulem a relação do aluno com o livro. Para isso, torna-se fundamental verificar de que maneira a TV dialoga com a linguagem literária, para sabermos qual o alcance do texto adaptado na recuperação das principais características do original.

Se pretendemos estudar as adaptações, é necessário selecionar um conjunto de textos que nos permita refletir sobre tais questões. Por isso, neste livro, para a escolha das adaptações foram considerados dois critérios: o tempo de exibição e o gênero a que pertence a obra original. Programas de curta duração favorecem o trabalho do professor por utilizar somente uma aula, sem exigir muitas etapas para o desenvolvimento de atividades pedagógicas e a diversidade de gêneros contribui para entendermos os mecanismos que envolvem o processo de transposição de linguagens.

Muitos dos textos adaptados para a TV foram inspirados em contos, pois permitem a transposição de boa parte do original. *O comprador de fazendas*, de Monteiro Lobato, foi selecionado pelo caráter humorístico da construção da narrativa. *A sonata*, de Érico Veríssimo, apresenta uma concepção de imagem e de som que nos permite estudar os efeitos de iluminação e a importância da trilha sonora na composição do clima da história. *A coleira do cão*, de Rubem Fonseca, possui uma temática atual sobre o problema da violência e do submundo do crime, tão presente nos noticiários. Assim, cada texto indicará abordagens diferentes para o estudo da adaptação.

Os diálogos presentes no texto teatral podem ser transportados para a TV, sofrendo apenas algumas adequações em relação à linguagem ou à atualização de dados. A adaptação da peça de Coelho Neto, *O patinho torto*, não só manteve os diálogos, como também o clima que envolve o original.

Algumas vezes o cruzamento do conto e do texto teatral geram a adaptação. Indicamos como exemplo o conto *A mor-*

*te da porta-estandarte*, de Aníbal Machado, e a peça de Shakespeare, *Otelo*. Nessa mescla tomou-se como elemento básico o tema da traição e do ciúme para gerar a adaptação *História de carnaval*.

A crônica requer a criação de episódios para compor o tempo de exibição na TV. *História do passarinho*, de Stanislaw Ponte Preta, ganhou acréscimos para ser apresentada em apenas vinte minutos, sem resultar na perda da qualidade da produção, tendo em vista que na reelaboração da narrativa manteve-se a mesma linha humorística do texto original.

Já a poesia levada para a TV pode sofrer grandes transformações, dependendo do contexto em que ela for inserida, seja para compor a fala de algum personagem, seja para inspirar a construção da narrativa. Assim, o poema *Lira paulistana*, de Mário de Andrade, foi transformado em uma história de humor negro e violência. Na TV, a adaptação *Lira paulistana* narra a trajetória de Pedro.

O romance é o gênero que mais perde episódios, no caso de adaptações para formatos de curta duração. Por ser uma narrativa longa, o roteirista precisa selecionar o eixo dramático e, a partir dessa escolha, determinar quais episódios e personagens devem integrar a adaptação. No processo de transposição do romance *A bagaceira*, de José Américo de Almeida, enfatizou-se o triângulo amoroso Lúcio/Soledade/Dagoberto e reduziu-se o número de personagens.

No estudo dessas obras, notaremos que o gênero da obra original repercutirá no processo de adaptação, apontando os mecanismos necessários para a transposição de linguagens. Por isso cada texto adaptado nos levará a estratégias diferentes de leitura e discussão em sala de aula, como veremos no capítulo 6.

O professor não precisa restringir seu trabalho ao tempo de exibição do programa, no entanto, é importante respeitar a duração da aula e considerar que a maior parte das adaptações exibidas pela TV possui apenas uma hora.

Uma forma de estudar adaptações mais longas é planejar um conjunto de aulas, exibindo cada parte do programa em uma aula. As minisséries já apresentam esse desdobramento, caso do excelente *Auto da compadecida*, de Ariano Suassuna, cuja adaptação na TV foi ao ar dividida em quatro capítulos.

As questões teóricas necessárias para a análise dos textos selecionados serão fixadas a partir do estudo da adaptação[1] do romance de Manuel Antônio de Almeida, *Memórias de um sargento de milícias*.

É preciso considerar que a adaptação está sujeita a aspectos específicos do novo veículo, determinando a reescritura do texto. As diferenças de técnicas de (re)construção inviabilizam algumas cenas e seqüências — às vezes acrescentam outras — porque o próprio formato escolhido para ser produzido impõe o tempo de duração e o modo de construção do texto visual.

Nesse movimento de reescritura há conjunções[2] e disjunções[3] do texto original para a adaptação, e que terminam por aproximar ou afastar do original. Assim, nosso objetivo com a leitura das adaptações de textos literários para a TV é fornecer um conjunto de referências teóricas e práticas sobre o processo de transposição e possíveis contribuições para a formação do leitor no espaço escolar.

A partir da análise dos textos indicados para este estudo, o professor encontrará subsídios para elaborar atividades didático-pedagógicas com outras adaptações que são produzi-

---

1. O estudo da adaptação *Vidigal* foi inicialmente desenvolvido para a dissertação de mestrado, *Ficção na TV: Memórias de um sargento de milícias*, sob a orientação da Profa. Dra. Iná Camargo Costa, e defendida no Departamento de Teoria Literária e Literatura Comparada da Faculdade de Filosofia, Letras e Ciências Humanas da USP, em 2000. Para este livro foram feitas novas pesquisas, sob a orientação do Prof. Dr. Adilson Citelli (ECA/USP), a fim de abranger o tema das relações entre Literatura/Comunicação/Educação.

2. São os pontos de semelhança entre o texto original e o texto adaptado. Os elementos conjuntivos atribuem ao texto o caráter de adaptação.

3. São elementos diferenciadores entre o texto original e o adaptado.

das pela TV, no formato de programas especiais, como em *Brava gente*, ou em minisséries.

Além disso, o docente também conta com um acervo de programas apresentados pela TV Escola[4] focalizando temas sobre linguagem visual e literária. Para iniciar uma discussão sobre televisão, podemos indicar os seguintes programas:

1) *Livros etc...*

Direção: Sérgio Sbragia

Realização: TV Escola/MEC, 1995

Tópicos apresentados: "O texto e a imagem" (9' 34''); "A escrita e as imagens nos meios de comunicação" (13' 16''); "Televisão e educação de crianças" (14' 09'')

2) *Viagens de leitura*

Direção: Inês Cabral e Luiz Arnaldo

Realização: TV Escola/MEC, 1995

Tópicos apresentados: "Vendo TV pelo VT" (13' 50''); "Da imagem ao verbo" (11' 28'')

Sobre a linguagem literária temos:

1) *Livros etc...*

Direção: Sérgio Sbragia

Realização: TV Escola/MEC, 1995

Tópicos apresentados: "Os livros e os seus escritores" (11' 06''); "O texto narrativo" (11' 47''); "Tudo o que podemos ler em um livro" (8' 34''); "A recepção da leitura" (11' 44'')

2) *PCN na escola/Língua Portuguesa*

Direção: Mário Masetti

Realização: TV Escola, 2000

Tópicos apresentados: "Para ensinar a ler" (16' 25''); "Ler quando não se sabe" (15' 35''); "O texto literário" (10' 30'');

---

4. *Guia programas.* TV Escola/MEC, 1996-2001.

"Narrativas e narradores" (12' 15"); "Componentes da narrativa: a personagem" (12' 45")

3) *Viagens de leitura*
Direção: Inês Cabral e Luiz Arnaldo
Realização: TV Escola/MEC, 1995

Tópicos apresentados: "Um conto de fadas (lido, contado, ouvido)" (13' 15"); "Trabalhando um poema" (10' 18")

O professor também terá acesso a outras informações, artigos e debates sobre educação na série Salto para o futuro, no site www.tvebrasil.com.br/salto.

O Centro de Referência em Educação Mário Covas contém um acervo de vídeos, com produções realizadas pela FDE, que pode ser consultado através do site www.crmariocovas.sp.gov.br ou no próprio Centro.

# 1
# Romance e adaptação

## 1.1. *Memórias de um sargento de milícias*[1], de Manuel Antônio de Almeida

Ensaios críticos sobre a obra de Manuel Antônio de Almeida apontam como traço fundamental ora o caráter documental, ora a semelhança com o romance picaresco, ora a revelação de um tom caricatural e anedótico.

No século XIX não há grandes referências à obra, dado que não pode ser considerado casual tendo em vista que as *MSM* foram publicadas em folhetim. Por se tratar de um jornal, não é de se estranhar que muito dos acontecimentos da época tenham influenciado a construção do texto; tal fato contribuía para inseri-lo na dinâmica da vida política e social do Brasil, mas também produzia inimigos, pois trazia marcas das diferenças entre facções políticas.

Na época em que foi publicada, em 1852-53, no suplemento *A Pacotilha*, do jornal *Correio Mercantil*, sua recepção foi relativamente boa, embora não tivesse a mesma repercussão que os romances-folhetins de José de Alencar ou de Joaquim Manuel

---

1. A partir deste capítulo, substituo o título *Memórias de um sargento de milícias*, de Manuel Antônio de Almeida, pelas iniciais *MSM*.

de Macedo, segundo José Alcides Ribeiro[2]. Entretanto, quando o texto foi publicado em livro, em 1854-55, as *MSM* revelaram que não conseguiam atrair um grande público, e além de ter que conviver com a pouca aceitação, havia também o problema da autoria, pois Manuel Antônio manteve o pseudônimo "Um Brasileiro", e seu nome só foi revelado em publicação póstuma[3].

Segundo Mamede Jarouche, as *MSM* "constituíam parte indissociável da estratégia da 'futrica pacotilheira', como se autodenominava a metamorfose semanal do *Correio Mercantil* que era *A Pacotilha*"[4]. A futrica produzida pelas tendências políticas da época se dividia na briga entre o Partido Liberal (ou os Luzias) e o Partido Conservador (ou os Saquaremas); ideologicamente os "saquaremas articulavam seus discursos com a 'ordem', enquanto que os luzias centravam-se na 'liberdade', cabendo acentuar que nem uma nem outra eram negadas por qualquer um dos grupos"[5], deste modo, as diferenças ocorriam, na prática política, mais no plano do discurso do que nas transformações do cotidiano.

---

2. Em sua tese *Imprensa e ficção no Brasil: Manuel Antônio de Almeida*, José Alcides Ribeiro percorre a recepção crítica da obra de Manuel Antônio, apresentando uma síntese de análises de seus contemporâneos do século XIX, até os críticos do século XX. Não cabe neste trabalho arrolar todo o conjunto de leituras sobre a obra; a visão da crítica literária utilizada neste trabalho será retomada na sua origem.

3. Brito Broca, no ensaio "O anônimo e o pseudônimo na literatura brasileira", atenta para o fato de os escritores, principalmente no século XIX, adotarem o pseudônimo; a prática era comum em textos de ficção, romance ou conto. Havia, na verdade, um certo desapreço pelo gênero, já que era considerado secundário diante dos moldes até então consagrados na literatura.

Muitos jovens ingressaram no jornalismo para sobreviver durante a época de estudante, como foi o caso de José de Alencar e de Manuel Antônio de Almeida. A vida literária era, portanto, considerada transitória; em alguns casos, no entanto, ela foi definitiva. De qualquer forma, esse é um aspecto que fazia com que o gênero fosse considerado "menos nobre".

Mesmo com o desenvolvimento do jornalismo que modificou o preconceito em relação ao escritor de jornal, manteve-se ainda o uso do pseudônimo, porque esse recurso permitia a publicação de textos em vários periódicos simultaneamente.

4. Jarouche, Mamede Mustafa. *Sob o império da letra: imprensa e política no tempo das Memórias de um sargento de milícias*. Tese de doutorado. FFLCH/USP, 1997, p. 8.

5. Idem, p. 103.

O surgimento de pasquins liberais e conservadores contribuía para a manutenção da disputa entre eles pois "tratava-se de um jogo cuja visada, prevista por receptores ou produtores, era a reprodução da ordem na qual estavam inseridos tais escritos"[6], isto é, produzia-se ofensa e resposta para alimentar o espírito com que se fazia política naquela época.

Cabia à imprensa montar o palco das lutas políticas, o que não difere muito dos dias de hoje, em que a "futricagem" se inicia e se encerra diante do leitor, sem que se processem mudanças radicais do ponto de vista político, e principalmente social. O espírito político que corria na época da publicação das *MSM* era de preparação para as eleições de 1852, quando o Partido Liberal sofreu grande derrota, não conseguindo eleger nenhum candidato.

Nessa ocasião, a produção do *Correio Mercantil*, que até então simpatizava com o Partido Liberal, toma novos rumos. O formato do jornal e o *layout* foram modificados, mas é sobretudo na direção do jornal, ao passar para as mãos do Conselheiro Nabuco, que se operam mudanças político-ideológicas.

Tudo indica que as *MSM* devem ter sido interrompidas abruptamente no momento em que Francisco Otaviano, que nunca demonstrara grandes afeições pelo jovem escritor, assume como redator-chefe. O suplemento *A Pacotilha* é substituído por uma nova seção: "Páginas menores", para a qual Manuel Antônio colaborou durante curto espaço de tempo.

Se as *MSM*, publicadas em dois volumes, não obtiveram seu devido sucesso na época, podemos atribuir uma parcela de culpa à falta de divulgação. Digamos que houve um certo boicote, pois era comum os jornais anunciarem os lançamentos de livros; mas também era comum a publicação de obras depois de comprovado sucesso nos periódicos; para as *MSM*, no entanto, não houve sequer uma nota. Sejam quais forem os motivos, o fato é que a primeira edição encalhou. Por outro

---

6. Idem, p. 92.

lado, fica claro o alcance da obra, considerando o número de edições publicadas posteriormente, e a valorização das *MSM* pela crítica literária, sobretudo no século XX.

O texto de Manuel Antônio não apresentava nenhuma novidade, já que foi escrito sob os moldes da escrita jornalística da época, de um humor tido como "ingênuo". Não lhe foi reconhecida, infelizmente, a indignação com que o jovem escritor presenciava os acontecimentos políticos e sociais, das falcatruas do poder ao convívio com a escravatura, nem o tom galhofeiro, e crítico, com que transformou a trajetória simples de Leonardo numa espécie de "radiografia" de seu tempo, na construção de seu herói como "estereótipo do brasileiro".

Os comentários de Joaquim Manuel de Macedo indicam um certo desprezo pela obra já que a denominava "artigos"; constituiriam textos amenos, escritos sem muita profundidade, e na visão de Francisco Bethencourt da Silva, amigo de Manuel Antônio, sem a complexidade dos grandes autores contemporâneos. Para o também amigo Quintino Bocaiúva, que publicou uma edição póstuma, Almeida não teve o devido reconhecimento.

José Veríssimo, em seus ensaios "Um velho romance brasileiro" (1894) e "Só lhe falta ser bem escrito" (1900), mostra o que Bernardo de Mendonça aponta como "hesitações da crítica"[7]. Pois, no primeiro ensaio, Veríssimo destaca o caráter nacionalista da obra, considerando-a "um dos romances que mais concorreriam para acentuar o tipo procurado, um dos que dariam uma mais forte impressão de nacionalismo, em uma palavra, um dos melhores documentos"[8]. Esse entusiasmo é amenizado no ensaio escrito em 1900, revelando uma oscilação do teórico quanto ao valor da obra.

---

7. Mendonça, Bernardo de. D'Almeida, Almeida, Almeidinha, A., Maneco, Um Brasileiro: mais um romance de costumes. In: Almeida, Manuel Antônio de. *Obra dispersa*. Rio de Janeiro: Graphia, 1991, p. xii.

8. Veríssimo, José. Um velho romance brasileiro. In: Almeida, Manuel Antônio de. *Memórias de um sargento de milícias*. Ed. crítica de Cecília de Lara. Rio Janeiro: LTC, 1978, p. 292.

Nesse segundo ensaio, Veríssimo mantém sua crítica considerando o romance "um dos mais característicos da nossa literatura" devido à sua "forte impressão de nacionalismo"[9]. Esse caráter se destaca pela sensibilidade com que Manuel Antônio representa a sociedade da época, já que o objetivo do escritor era "pintar a vida e a sociedade brasileira em uma determinada época, há cinqüenta anos passada, mas ainda por muitos aspectos viva no seu tempo. (...) Manuel d'Almeida tinha ainda presentes, para estudar e copiar, tipos e costumes, homens e coisas, da época em que pôs a ação de seu romance"[10]. Ainda que Veríssimo mantenha o destaque para o caráter documental do texto, já não o considera uma obra-prima. Trata-se de um romance de costumes por retratar cenas e lugares do Rio de Janeiro, e criar tipos, "tão nacionais e tão vivos"[11].

É a partir do século XX que a obra ganha destaque. Na visão de Mário de Andrade, o romance apresenta traços muito semelhantes aos do romance pícaro. Considera as *MSM* uma "crônica semi-histórica de aventuras, em que relata os casos e as adaptações vitais de um bom e legítimo 'pícaro', o Leonardo"[12], através de um "lusitano humorismo". Mas é sobretudo o caráter documental que dá à obra o seu devido valor; a intenção de registrar os costumes é evidente nas descrições pormenorizadas da indumentária, das festas, das danças e dos cenários.

Detalhes da vida de Manuel Antônio podem ter determinado a composição do texto. Na mesma época em que ingressa no jornalismo para sobreviver, passa a dedicar-se ao desenho, o que lhe daria maior sensibilidade na observação do mundo exterior; abandona a prática para estudar medicina,

---

9. Veríssimo, José. Só lhe falta ser bem escrito. In: Almeida, Manuel Antônio de. *Obra dispersa*. Op. cit., p. 160.
10. Idem, p. 161.
11. Idem, p. 162.
12. Andrade, Mário de. Introdução. In: Almeida, Manuel Antônio de. *Memórias de um sargento de milícias*. Ed. crítica de Cecília de Lara. Op. cit., p. 301.

mas permanece no jornalismo. Também na música encontrou inspiração, chegando inclusive a diretor da Academia Imperial de Música e Ópera Nacional; escreveu para o teatro a peça *Dois amores*, drama lírico em três atos. Essas tendências artísticas estão presentes nas *MSM* através do retrato da cidade do Rio de Janeiro, das festividades comemoradas com rodas de música, modinhas e fados e da dinâmica dos diálogos.

O caráter documental do romance estaria no retrato do personagem Vidigal. Mário de Andrade nos lembra que Alfredo Pujol faz alusão a uma quadrinha sobre o major. Também as referências musicais seriam dados documentais, já que Manuel Antônio "enumera instrumentos, descreve danças, conta o que era a 'música de barbeiros', nomeia modinhas mais populares do tempo"[13].

Ao contrário de José Veríssimo, Mário de Andrade salienta que nem mesmo a escrita desleixada reduz o valor da obra, pois é a composição do herói Leonardo que, apesar de ser um vadio, consegue conquistar a simpatia de todos; e as descrições dos costumes contados em detalhe, com um tom humorístico, grotesco e caricatural seduzem o leitor. De qualquer forma, "as *Memórias de um sargento de milícias* são um desses livros que de vez em quando aparecem mesmo, por assim dizer, à margem das literaturas"[14], não podendo a preocupação anti-romântica do escritor ser considerada como marca do realismo ou naturalismo; os dados de realidade estão presentes nas descrições minuciosas.

Antonio Candido atribui à obra o *status* de romance malandro. O ensaio crítico "Dialética da malandragem", publicado em 1970, traz à luz a atualidade do texto na medida em que aponta traços da cultura brasileira.

No ensaio, Antonio Candido contesta a leitura de José Veríssimo, Darcy Damasceno e Mário de Andrade, que tratam

---

13. Idem, p. 307.
14. Idem, pp. 312-313.

a obra de Manuel Antônio como um romance pícaro, pois, para ele, embora as *MSM* apresentem semelhanças com o romance pícaro, não se pode classificar a obra como tal; também não se trata de romance de costumes, para contestar a visão de José Veríssimo, mas seu caráter documental contribui para a economia da obra de uma maneira original, e nesse aspecto Antonio Candido concorda com Mário de Andrade.

O plano voluntário e o plano involuntário constituem as forças motrizes que determinam a construção da narrativa. No plano voluntário, Manuel Antônio de fato retrata certos costumes e cenas do Rio de Janeiro do século XIX, por isso há uma dimensão histórica. No plano involuntário, mais intuitivo, há uma dimensão folclórica na qual os personagens representariam uma generalização de uma camada intermediária da sociedade.

Mas é justamente o traço documental que dá consistência ou inconsistência à obra; são os chamados "veios descontínuos", na visão de Antonio Candido, e que percorrem alguns momentos da narrativa. Diz respeito à integração dos dados históricos à narrativa, ou seja, a quebra na continuidade acontece quando um quadro aparece isolado, como pano de fundo, sem conexão com a narrativa e mais próximo ao documento. Este é seu ponto fraco, que pode ser explicado pela forma como a obra foi escrita, isto é, aos pedaços. A força da obra está naqueles momentos em que o dado histórico integra a narrativa.

Quanto à dimensão folclórica, pode-se traçar um paralelo com os contos de fada. A narrativa começa com um sintagma semelhante aos contos populares ("Era no tempo do Rei" = "Era uma vez"). Os personagens também possuem traços equivalentes, como o Padrinho e a Madrinha que exercem o papel de fadas (madrinhas) de Leonardo; a vizinha é a "fada" agourenta, que não chega a ser uma bruxa, mas tem uma relação com o futuro do herói através de seu discurso premonitório; outros personagens são designados pela profissão ou posição no grupo social.

A originalidade do texto consiste no método de construção que articula o plano estético e o plano social. Não estão presentes as camadas extremas, como os dirigentes e os escravos; são excluídas, portanto, as esferas da autoridade e do trabalho. Tal escolha é resultado da percepção de Manuel Antônio, que destaca um estrato social com potencial para sintetizar uma visão da sociedade brasileira, no Brasil Colonial. O que seria um aspecto redutor do ponto de vista histórico, já que a sociedade não é retratada em sua totalidade, é o que permite ao autor utilizar a dimensão folclórica como recurso ao generalizar tipos sociais em imagens arquetípicas da sociedade, atribuindo à obra o seu caráter universalizador.

As *MSM* inauguram, deste modo, a tipologia do romance malandro, pois o herói Leonardo é o primeiro malandro da literatura brasileira, é um *trickster*. Tanto Leonardo quanto os outros personagens vivem num jogo dialético entre a ordem e a desordem, dentro de um "mundo sem culpa", pois tudo é relativizado, ou melhor, aquelas atitudes negativas são compensadas por outras positivas. O homem não é bom nem mau, é capaz de conviver pacificamente com posturas morais opostas desde que isso possa de alguma forma trazer-lhe benefício, ou auxiliá-lo na conquista de sua satisfação pessoal. Esse movimento sempre presente na obra é seu princípio generalizador.

A análise de Roberto Schwarz vem reforçar a importância das *MSM* pois demonstra que o texto de Antonio Candido revaloriza o texto de Manuel Antônio ao inovar o método crítico adotando uma visão marxista, com a utilização do termo "dialética", base de sustentação do movimento predominante da obra, isto é, da ordem e da desordem; no entanto, sua análise distancia-se de uma crítica marxista. Também não seria possível traçar uma crítica estruturalista porque acabaria isolando o jogo dialético das características extraliterárias, o que reduziria o alcance do romance, pois na verdade são essas características que permitem criar o próprio movimento.

A importância do ensaio de Antonio Candido reside no fato de ter concebido uma análise capaz de demonstrar que o equilíbrio entre a dimensão estética e a dimensão histórica é essencial à obra, que é revalorizada pelo seu potencial representativo da sociedade brasileira.

Roberto Schwarz ainda ressalta que a escolha daquela camada intermediária da sociedade reflete na construção do texto, diferenciando-se da produção literária da época, visto que nela não é retratada a classe dominante. Em se tratando de uma obra inserida no Romantismo, traz em si a necessidade de consolidar uma identidade nacional, sem contudo espelhar o "Brasil-afirmação-de-identidade do nacionalismo romântico", mas antes focalizando o "Brasil-processo-social" cuja reflexão leva à descoberta de um país estratificado em classes sociais, e que acaba revelando um "modo de ser popular". Nesse sentido, a dimensão histórica articulada à dimensão estética estabelece o alcance da obra, isto é, o modo como ficção e realidade se articulam para representar um traço muito peculiar da cultura popular.

De acordo com Roberto Goto, a gênese da "malandragem" se fundamenta na escolha do estrato social, de uma camada anômica da sociedade que vive entre o universo do trabalho e o universo da autoridade, num parasitismo inerente. O malandro é aquele que, tendo que lutar para sobreviver, "dribla o dragão ou inverte suas táticas a fim de evitar ser apossado como força de trabalho"[15], vive nos intervalos das camadas sociais, "não se enquadrando na ordem legal nem se extraviando fora dela"[16].

Para Walnice Nogueira Galvão, Manuel Antônio "recusa-se a uma visão romanesca ou embelezadora do real, encara resolutamente o ridículo do homem e de suas obras"[17] na medida em que transforma em caricatura a imagem do persona-

---

15. Goto, Roberto. *Malandragem revisitada*. São Paulo: Pontes Editores, 1988, p. 102.
16. Idem.
17. Galvão, Walnice Nogueira. No tempo do rei. In: *Saco de gatos*. São Paulo: Duas Cidades, 1976, p. 30.

gem, seja pela comicidade seja pelo grotesco, pois a ausência de personagens íntegros positivos revela a visão de mundo "em estilo baixo".

Aspecto muito semelhante ao apontado por Antonio Candido, e também destacado por Walnice N. Galvão, é o perfil negativo e positivo dos personagens, cujo processo de carnavalização, isto é, da manifestação do avesso, determina a construção desses personagens.

O "estilo baixo" se revela na maneira como são construídos os destinos de José Manuel e do Compadre. As mortes desses dois personagens não são encaradas de modo trágico; no caso do primeiro, a morte torna-se oportuna e as lágrimas da viúva não são de dor; o segundo caso ganha destaque por gerar uma preocupação com o destino de Leonardo.

O traço marcante é a caracterização do herói: Leonardo é malcriado, vadio e tem atração pelas mulheres, causa do seu envolvimento em confusões. Mas, apesar de sua conduta, Leonardo tem a simpatia de todos, até do major Vidigal. Assim, Walnice N. Galvão ressalta que "Manuel Antônio de Almeida é o primeiro a fixar na literatura o caráter nacional do brasileiro", atribuindo ao brasileiro as características de "vagabundagem, preguiça, sensualidade, indisciplina, vivacidade de espírito — nossa modalidade de 'inteligência' — e sobretudo simpatia"[18].

A suposta "neutralidade" perde para a visão crítica da sociedade; os temas polêmicos como o mundo do trabalho, a violência, a escravidão e a autoridade estão presentes através de figuras alegóricas. O barbeiro e sangrador, por exemplo, era uma forma de ironizar a prática da medicina; na época estavam em discussão questões ligadas ao exercício da profissão e à formação do profissional; além disso, havia um acirrado debate entre os alopatas e os homeopatas, conforme atesta Mamede Jarouche.

---

18. Idem, p. 32.

O próprio uso do pseudônimo pode constituir uma alegoria, na medida em que sugere a generalização do estereótipo do brasileiro. Assim, a assinatura "Um Brasileiro" constitui um elemento integrante do texto.

O início do romance já prenuncia o uso da alegoria ao retomar a consagrada frase de abertura dos contos de fada, como lembra Antonio Candido; esse é o princípio generalizador que faz da obra um romance representativo da sociedade brasileira. Os personagens são tipos de um determinado estrato social, cuja moral oscila entre a ordem e a desordem, ou como nos contos de fada, entre o bem e o mal; não há, no entanto, uma visão maniqueísta, já que não apresenta personagens puros, exceto José Manuel e Maria Saloia, personagens que podem ser considerados negativos, como aponta Walnice N. Galvão.

Nas *MSM*, ao contrário das histórias infantis, a presença de elementos positivos e negativos é relativizada por meio da carnavalização, isto é, na liberdade com que se pode transitar nos dois pólos e na revelação do que está por trás da máscara.

O potencial da obra consiste, portanto, na capacidade de retratar uma visão coletiva — mas não dominante — da identidade nacional, em que os acontecimentos históricos são analisados de maneira crítica e discutidos através das imagens alegóricas, determinando o processo de criação. Esse potencial pode ter sido uma das razões para que a obra de Manuel Antônio fosse adaptada, na década de 60, para o teatro, e nos anos 90, para a TV.

As adaptações das *MSM*, tanto no teatro quanto na TV, são formas de rediscutir o perfil desse "herói sem nenhum caráter" como marca registrada da sociedade. Nesse sentido, a contribuição da crítica literária — valorizando e interpretando a obra — é fundamental para reconhecermos os traços que estruturam o texto literário e também estão presentes na televisão.

A transposição de linguagem exige, antes de tudo, a análise do texto literário e o reconhecimento das perdas e ganhos. O desenvolvimento de estratégias de estudo da adaptação pode incentivar o aluno nas atividades de leitura.

### 1.2. A gênese da obra como romance-folhetim

A obra *MSM* foi, em sua origem, publicada em jornal. A relação que se estabelece entre a produção literária e esse meio é a necessidade de o jornal ser "consumido". O romance-folhetim era uma das estratégias de venda do periódico, pois servia de chamariz para os leitores ao utilizar determinados recursos para prender a atenção.

Em 1836, Emile Girardin consegue publicar um jornal periódico, conhecido na época como folhetim[19], a um custo mais baixo devido aos "reclames" (ou propagandas); o rodapé era utilizado para assuntos variados de entretenimento. A iniciativa vinha satisfazer a necessidade de prazer e diversão do público.

O romance-folhetim era o texto literário publicado por capítulos no periódico. Os recursos utilizados para seduzir o leitor eram os cortes, ou interrupções no final de cada capítulo que deixavam em suspenso a narrativa para provocar curiosidade; assim como a elaboração dos títulos, também os temas deveriam despertar o interesse no público. Nasce, então, o romance aos pedaços que, estando preso a um esquema de oferta e procura, precisava ter em vista a sua clientela, pois dependia dela para sobreviver.

A tiragem do jornal *La presse* comprovou a grande aceitação do romance-folhetim quando foi publicado *La vieille fille*,

---

19. Meyer, Marylise & Dias, Vera Santos. Página virada, descartada, de meu folhetim. In: Averbuck, Ligia (org.). *Literatura em tempo de cultura de massa*. São Paulo: Nobel, 1984, p. 35.

de Honoré de Balzac; mas, ao mesmo tempo, provocou uma reação contrária no público leitor, que considerou o tema imoral. Isso fez com que Girardin interrompesse o romance de Balzac, conferindo ao consumidor um certo poder de decisão na confecção do jornal. O fato não impediu que outros romances fossem publicados, apenas reforçou a idéia de que esse gênero deveria se submeter às exigências do mercado e à vontade do editor.

Messac, como menciona José Alcides Ribeiro, afirmava que o romance-folhetim era "resultado das forças sociais"[20], sofrendo pressões do público, do editor, da necessidade de sobrevivência do escritor e de influências literárias, além de ter que seguir um determinado padrão estabelecido pela imprensa periódica.

Alexandre Dumas consagrou a nova forma literária, com a publicação de *Capitaine Paul*, em 1838, através da ação, da dinâmica dos diálogos, dos personagens, do corte dos capítulos. A forma do romance-folhetim acabou sendo reproduzida por muitos escritores, principalmente porque serviu de fonte de renda e caminho para o ingresso na vida literária. Vários romances foram publicados em livro, após comprovado sucesso no periódico, valendo, inclusive, a divulgação nesse meio.

É justamente esse sucesso, o *status* de grande obra, que leva o romance-folhetim a percorrer uma longa trajetória: da publicação em livros, chega aos palcos de teatro, ao cinema e à televisão. Assim, o romance-folhetim chega ao século XXI se não como a "fênix renascida"[21], como querem Meyer e Dias, pelo menos como forma de rediscutir o texto original sob a ótica de outros veículos de massa, adaptado a outras formas expressão artística.

---

20. Ribeiro, José Alcides. *Imprensa e ficção no século XIX*. São Paulo: Unesp, 1996.
21. Meyer, Marylise e Dias, Vera Santos. "Página virada, descartada, de meu folhetim". In: *Literatura em tempo de cultura de massa*. Op. cit., p. 41.

## 1.3. Adaptação do texto literário: uma problemática

Em meados da década de 70[22], a obra de Machado de Assis, *Helena*, inaugurou na Rede Globo o horário das 18 h, dedicado às adaptações de textos literários. Outras obras de autores brasileiros passaram, então, a engrossar a lista, entre elas: *Senhora*, de José de Alencar, *A Moreninha*, de Joaquim Manuel de Macedo, *Escrava Isaura*, de Bernardo Guimarães etc. Em 1982, a Rede Globo abandonou essa tendência e passou a manter uma linha muito próxima daquela utilizada na novela das sete, isto é, a da comédia ligeira, popularmente conhecida por "água com açúcar". Outras adaptações foram exibidas esporadicamente nos diversos horários reservados para telenovelas, minisséries ou programas especiais.

Ainda no ano de 1982, a TV Cultura colocava no ar *Iaiá Garcia*, de Machado de Assis, promovendo, no meio estudantil, estudos comparativos entre a obra literária e a novela, com o "Concurso Literário Iaiá Garcia". Realizou trabalho semelhante com a obra de Érico Veríssimo, com a novela *Música ao longe*. Também foram produzidas adaptações no formato de teleteatro.

O romance de Maria José Dupré, *Éramos seis*, foi adaptado pela TV Record, em 1958, pela TV Tupi, em 1967 e 1977 e pelo SBT, em 1995. O romance de Júlio Diniz, *As pupilas do senhor reitor*, também sofreu mais de uma adaptação, uma pela TV Record, em 1970/1971 e depois pelo SBT, em 1995. A TV Manchete exibiu, entre outras, a adaptação de *Tocaia grande*, de Jorge Amado. Enfim, há um número considerável de obras adaptadas.

O conceito de adaptação sofreu modificações pois, se na década de 70 havia uma preocupação muito maior com a fidelidade, hoje se verifica uma grande liberdade quanto ao redimensionamento da obra literária, podendo, inclusive, resultar

---

22. Não é objeto deste estudo o resgate histórico de toda produção de adaptações para a TV.

em um produto completamente diferente do texto original. O que chamamos de adaptação pode ser, portanto, uma versão, uma inspiração, uma recriação, uma reatualização, um aproveitamento temático, uma referência à obra.

Deparamo-nos, então, com o problema conceitual do termo "adaptação" porque a obra literária, ao ser adaptada, pode ser modificada sob diversos pontos de vista, seja no que diz respeito ao código, ao veículo, ao público, seja em relação à narrativa e à estrutura, gerando algo novo. Adaptar um texto significa reinterpretar e redimensionar aspectos da narrativa a fim de adequá-la à linguagem do outro veículo. Não precisa ser uma cópia fiel pois nem sempre é possível simplesmente transportar uma seqüência, um diálogo; além disso, a obra sofre uma atualização, provocando, às vezes, uma mudança na ambientação, na estrutura narrativa, sobretudo quando adaptada para a televisão.

O roteirista Marcos Rey afirma que não há necessidade de se transportar toda a obra, pois a adaptação precisa resultar numa obra inteiriça, isto é, "completa, sem evidenciar amputações, cortes por falta de tempo, saltos desconcertantes e buracos entre as seqüências"[23].

Então, em que medida ocorre a reconfiguração da obra literária? Quais os fatores que determinam se a obra é adaptável ou não? São fatores internos ou externos à obra? Segundo o roteirista Doc Comparato[24], a escolha de uma obra adaptável é essencial, visto que nem todas as obras literárias se prestam, dadas as suas características, à adaptação de qualidade.

Heidrun K. Olinto[25] ressalta que o texto fora do contexto em que foi produzido perde suas características, gerando um outro texto. O produto dessa transformação exige também uma

---

23. Rey, Marcos. "Adaptação: a quase impossibilidade do aplauso unânime. In: *O roteirista profissional: TV e cinema*. São Paulo, Ativa, 1989, p. 58.

24. Comparato, Doc. *Roteiro: arte e técnica de escrever para cinema e televisão*. Rio de Janeiro: Nórdica, 1983.

25. Olinto, Heidrun Krieger. Leitura e leitores: variações sobre temas diferentes. In: *Coleção ler e pensar*. Rio de Janeiro: Proler/Casa da Leitura, 1995, n. 1, p. 18.

mudança no modo de leitura, visto que a nova situação comunicativa redimensiona as condições de produção e de recepção. Deste modo, como ocorre a mediação do adaptador, já que ele também é um leitor e o "novo texto" é reconfigurado a partir de sua interpretação? Qual o papel da crítica literária nesse processo?

Um dos aspectos apontados por Antonio Adami[26] é a importância do reconhecimento do "nível de dramaturgia" da obra, isto é, seu potencial de encenação. Nesse sentido, a crítica literária fornece subsídios para a compreensão do universo da obra e do autor. É função do adaptador, apoiado na crítica literária, mediar a relação entre o texto original e o "novo texto".

Quanto à produção, considera-se a adequação do texto aos vários sistemas semióticos presentes no novo veículo. É preciso ressaltar que não são apenas as questões internas do texto que determinam a criação, fatores externos, como o horário em que o programa será exibido, a emissora, o projeto de teledramaturgia, as questões mercadológicas, também estão presentes, inclusive na escolha da obra a ser adaptada. O formato do programa depende da articulação de todos esses fatores.

O problema da adaptação na TV é o fato desse veículo produzir "textos" num ritmo acelerado. A busca do "sempre novo"[27], mas nem sempre original, é determinada pela preocupação constante de ver seus produtos consumidos. A adaptação, nesse sentido, vive do imediatismo da TV, embasada numa "estética da repetição"[28], algumas vezes não

---

26. Antonio Adami, em sua tese *A semiótica das adaptações literárias no cinema e na televisão: análise de "Carmen" de Carlos Saura*, estuda o processo de adaptação apontando aspectos específicos que determinam a reconfiguração da obra literária para outro sistema semiótico.

27. Bosi, Alfredo. Plural mas não caótico. In: *Cultura brasileira*. 2. ed. São Paulo, Ativa, 1992, p. 9.

28. Termo usado por Omar Calabrese e citado por Ana Maria Balogh, no ensaio "Função poética e televisão", in: *Revista Significação*, São Paulo, n. 8/9, out. 1990. Uma característica da televisão é repetir determinados modelos tanto no plano narrativo quanto no figurativo (p. 40).

exigindo reflexão, nem permitindo aqueles momentos de leitura solitária em que o leitor dialoga com o texto escrito, justamente por operar com outras formas de linguagem e por fornecer um produto cuja temática e estrutura dificilmente são modificadas e, portanto, com narrativas que não causam estranhamento para o telespectador.

Na telenovela, por exemplo, de modo geral, tudo gira em torno de um grande tema: o amor. Outros temas como a vingança, a metamorfose de algum personagem, são sempre relacionados ao tema central, e culminam num final feliz. Paralelamente à intriga central se desenvolvem pequenas seqüências narrativas, porém sempre com a mesma linha temática.

As cenas das telenovelas são curtas e seguem um padrão de ritmo acelerado. As seqüências são distribuídas de modo a provocar uma emoção crescente que será interrompida pelo intervalo comercial, sendo que a última cena do capítulo é a que deve alcançar o ápice da emoção daquele capítulo. Deste modo, a telenovela adquire um caráter fragmentário e descontínuo, provocando uma ruptura na construção dos sentidos.

Já os programas especiais, por serem de curta duração — em média uma hora — têm um formato um pouco diferente e permitem uma flexibilidade na escolha temática. Eles são exibidos após as 22 h e, embora tenham maior liberdade, não deixam de seguir um gênero de programa. De modo geral, os programas especiais seguiam a linha humorística ou musical.

Não se retira, contudo, o caráter fragmentário pois tem-se um programa de aproximadamente uma hora, dividido em três ou quatro partes intercaladas por anúncios publicitários. E, por serem de curta duração, as seqüências narrativas precisam ser condensadas ou selecionadas sem que se perca a unidade do programa.

A adaptação das *MSM* para o formato "programa especial" seguiu as tendências estabelecidas pelo Núcleo Guel Arraes (Rede Globo), como veremos nos capítulos subseqüentes. Não é por acaso que a peça *Vidigal: memórias de um sargento de milícias*, de Millôr Fernandes, se constituiu como parte integrante do processo de criação; a maior parte dos diálogos compõe a peça teatral. A adaptação para o teatro muito provavelmente deve ter sido decisiva para a escolha da obra de Manuel Antônio, pois na peça já estão organizados os diálogos e o roteiro cênico, aspecto positivo apontado por Doc Comparato[29].

Marcos Rey[30], roteirista profissional, ressalta que as dificuldades de se produzir uma boa adaptação constituem um desafio, já que o texto original serve de parâmetro para comparação; manter a linha narrativa da obra é um dos fatores que pode resultar numa adaptação de qualidade, lembrando que não é preciso — e nem deve — ser fiel ao original, mas a seleção dos fatos e seqüências torna-se fundamental.

Na sala de aula, o estudo da adaptação torna-se importante porque o roteirista apresenta uma reatualização da obra literária, rediscutindo-a em outro contexto. Além disso, pode estimular a leitura do livro.

---

29. Comparato, Doc. *Roteiro: arte e técnica de escrever para cinema e televisão*. Op. cit.
30. Rey, Marcos. *O roteirista profissional. TV e cinema*. Op. cit.

# 2
# Vidigal

## 2.1. Texto televisivo

O programa especial *Vidigal* foi adaptado por Jorge Furtado, com a colaboração de Carlos Gerbase e José Torero. Contou com a participação de Murilo Benício, Otávio Muller, Fernanda Lobo, Antonio Pedro, Berta Loran, Ernani Moraes, Márcia Manfredini, Mariana Oliveira. Participação especial: Louise Cardoso e Francisco Cuoco. Direção: Mauro Mendonça Filho. Núcleo: Guel Arraes. Gravado na Fortaleza Santa Cruz de Niterói, Rio de Janeiro.

Foi exibido após a novela das oito e estruturado em cinco blocos. Embora o texto de partida seja explicitamente a peça teatral adaptada por Millôr Fernandes, há também o resgate de episódios que constam no romance-folhetim, mas não foram aproveitados na peça.

O tema central da narrativa é o amor entre Leonardo e Luisinha, elemento conjuntivo, cuja apresentação é feita logo no primeiro bloco. O encontro — na verdade reencontro porque eles se conheceram na infância — acontece durante a procissão de Nossa Senhora do Calvário. Os obstáculos para a realização do amor serão criados pela formação de dois triângulos amorosos: Leonardo/Vidigal/Vidinha e Leonardo/Luisinha/Vidinha.

Os trajes[1] e discursos situam o telespectador no tempo da narrativa, isto é, no Rio de Janeiro, quando a cidade passa a ser capital do Vice-reino[2]. Ainda que essa marcação temporal retome o passado histórico, o presente se configura por meio da construção da figura arquetípica de Leonardo.

Nas primeiras cenas notamos que Leonardo não tem uma conduta exemplar; ao contrário, ele é esperto, malandro (foge dos soldados), mulherengo (deita com a escrava); fato que, de acordo com Walnice Nogueira Galvão, atribuiria a Leonardo o estereótipo do brasileiro. A imagem de Leonardo não é totalmente negativa, pois somos tomados por uma certa simpatia porque ele protege escravos fugitivos; deste modo, Leonardo transita entre a ordem e a desordem.

No segundo bloco, há dois conflitos de ordem sentimental: um é provocado pela chegada de José Manuel, que disputará com Leonardo a mão de Luisinha; outro é provocado pelos ciúmes de Vidinha, ao tomar conhecimento dos sentimentos de Leonardo em relação à menina.

José Manuel e Vidinha são obstáculos para a concretização do romance. O primeiro, por pertencer a uma classe mais privilegiada, tem a aprovação de D. Maria para cortejar Luisinha; a segunda, por ciúmes, engana Luisinha mentindo sobre uma suposta gravidez, provocando o rompimento do jovem casal.

No terceiro bloco, a Comadre e o Padrinho, para tentar ajudar Leonardo, armam um plano para desmoralizar José Manuel. A trama consiste em levar o português à casa de Vidinha e fazer com que Vidigal o flagre na cama da cigana. Feita a intriga, José Manuel é humilhado e preso pelo major.

---

1. Segundo Marcel Martin, o vestuário pode ter um caráter documental na medida em que se inspira numa época e tenta reproduzi-la de acordo com a realidade.
2. Em 27 de janeiro de 1763, o Brasil foi elevado a Vice-reinado através de carta régia; no mesmo ano a capital do Brasil foi transferida de Salvador para o Rio de Janeiro.

Leonardo e Luisinha reatam e resolvem fugir, mas a empreitada não se concretiza porque Vidigal descobre a causa do infortúnio de José Manuel. Assim, Leonardo é preso no momento da fuga.

No quarto bloco, Leonardo está na prisão, onde é açoitado por Vidigal e forçado a se engajar nas milícias como soldado da guarda. O destino de Luisinha é o casamento com José Manuel.

Com a morte do Padrinho, Leonardo retorna para casa. Nessa ocasião encontra-se com Vidinha e planeja sua saída das milícias.

De volta ao quartel, Leonardo propõe uma "troca": Vidinha prestaria "serviços" ao major e em troca ele ganharia sua liberdade. Vidigal concorda mas não tem poder para tirá-lo das milícias, por isso ambos planejam uma encenação em que Leonardo, através de um gesto heróico devidamente forjado, possa ser promovido a sargento e, conseqüentemente, consiga permissão para contrair matrimônio. Tudo ocorre conforme o previsto: um final feliz.

No quinto bloco, a Escrava, Vidinha e Luisinha estão em trabalho de parto e são auxiliadas pela Comadre. Nascem três meninos, filhos de Leonardo.

O romance de Manuel Antônio sofre, portanto, reduções e desvios na estrutura da narrativa e alguns personagens são condensados. As perdas e ganhos do texto adaptado estão diretamente relacionados às características do tipo de "texto" produzido pela TV. Deste modo, para entendermos o gênero "adaptação", torna-se fundamental conhecermos o processo de produção televisiva.

**2.2. O gênero na TV**

O estudo dos gêneros num veículo como a televisão apresenta aspectos muito específicos. A reprodução fiel à obra original não seria possível devido às diferenças de linguagem entre o texto literário e o televisivo; por isso, Martín-Barbero[3] defende a importância de um estudo sobre os gêneros, no campo da comunicação, a partir da análise do processo de produção e de recepção.

Para Martín-Barbero, esse estudo exige um entendimento dos mecanismos de mediação entre a sociedade e o meio comunicacional, isto é, o avanço das novas tecnologias provoca mudanças no cotidiano das pessoas.

Uma das mediações diz respeito à "heterogeneidade da temporalidade", resultado dos modos diferenciados de se relacionar com o tempo, pois o ritmo torna-se mais acelerado, principalmente na TV.

Outra mediação está no campo social, na reorganização dos grupos de indivíduos estratificados em classes sociais, segmentados por faixa etária, sexo, *status*, nível cultural etc. Por exemplo, os jovens, hoje, estão mais aptos a conviver com as novas tecnologias, e os mais velhos sofrem com a falta de aptidão, já que os aparelhos requerem outra sensibilidade, tanto do ponto de vista da operacionalidade quanto na maneira de ver o mundo, no seu espectro temporal e espacial. Homens e mulheres possuem uma variedade de modelos, diferenciados a partir do papel que cada um exerce dentro do processo de produção; os MCM operam com essa fragmentação para provocar um determinado efeito, voltado para o consumo de bens materiais e simbólicos.

A exclusão cultural é outra mediação, que acaba deslegitimando o gosto popular, a cultura dos gêneros narrativos e os modos de recepção; ocorre uma ruptura entre o grotesco e o sublime e, conseqüentemente, uma marginalização do gosto popular. É justamente essa separação que acaba gerando demandas sociais, criando, também, demandas de consumo.

---

3. Martín-Barbero, Jesús. América Latina e os anos recentes: o estudo da recepção em comunicação social. In: Sousa, Mauro Wilton (org.). *Sujeito, o lado oculto do receptor*. São Paulo: Brasiliense/ECA/USP, 1995.

Assim, entender a recepção como "espaço de interação", de negociação de sentido, na visão de Martín-Barbero, significa reconhecer a importância dessas demandas de consumo que direcionam o processo produtivo, porque "o consumo não é só lugar de afirmação da distinção, é também o lugar de circulação de sentidos, de comunicação entre eles, para que haja ao mesmo tempo exclusões e legitimações"[4]. As fragmentações sociais e culturais fazem parte de um movimento de mudanças nas relações, nos valores e nos modelos a serem seguidos. A lógica do mercado não só impõe um modo de consumir, mas também uma distinção simbólica entre as classes sociais.

Baudrillard afirma que o consumo faz parte de um sistema de interpretação da vida cotidiana, como uma forma de participação no coletivo, ou seja, consumir significa fazer parte de um meio social que se organiza a partir de um sistema simbólico.

Para seguir a lógica do mercado, os programas de TV respeitam os modos de organização da clientela. Isso significa reconhecer a fragmentação apontada por Martín-Barbero, estabelecendo tipos de telespectadores, diferenciados pelo *status*, idade, sexo, profissão, organizados no tempo e no espaço de acordo com seu meio social, inseridos num determinado contexto de valores.

A importância do gênero na TV reside, portanto, no fato de funcionar como estratégia de comunicação e de produção; por isso, precisa estar em sintonia com as fragmentações, com o gosto popular e com as necessidades do telespectador. A televisão atende às demandas de consumo, caso contrário não sobreviveria, pois o consumo é sua base de sustentação financeira, na medida em que a maior parte de seu faturamento provém das verbas publicitárias de veiculação.

---

4. Idem, p. 62.

*2.2.1. Nem telenovela nem minissérie: um gênero quase singular*

Inserido na linha dos programas especiais, podemos dizer que *Vidigal* é uma comédia romântica[5].

O primeiro bloco, fundamental para a conquista de audiência, é predominantemente cômico. Já nas primeiras cenas essa tendência torna-se evidente e tem por objetivo manter a atenção do público que assiste à telenovela; outra categoria de telespectador é aquele que retorna à casa mais tarde e, de modo geral, é um público mais exigente. Para fisgar esses dois tipos de telespectadores, o programa precisa ter um formato que não se distancie muito da telenovela, mas também não se aproxime demais.

A passagem de um programa para outro normalmente era marcada pelas vinhetas, que funcionavam como marcas de diferenciação. Segundo Balogh, a vinheta é uma "espécie de rito de passagem"[6] que orienta o telespectador na mudança de um programa para outro. Ultimamente essa estratégia tem sofrido modificações; por isso, no caso da adaptação *Vidigal*, a vinheta de abertura foi exibida somente ao final do primeiro bloco, para "amarrar" o público da telenovela. O início repentino do programa pode ter iludido aqueles telespectadores menos atentos e evitado uma mudança de canal.

Para conquistar um público cada vez maior, a TV se rendeu aos índices do IBOPE. No caso da teledramaturgia fixaram-se três horários considerados nobres com base no perfil socioeconômico da audiência, devido ao alto custo do espaço/tempo publicitário, impulsionado pela grande aceitação das telenovelas brasileiras, sobretudo aquelas produzidas pela Rede Globo.

---

5. Comparato, baseado no *Screen writers guide*, aponta seis gêneros: aventura, comédia, crime, melodrama, drama e outros (*miscellaneous*). Segundo ele, não se pode ficar preso a um gênero, pois muitas vezes é preciso combinar formas distintas.

6. Balogh, Ana Maria. *Conjunções, disjunções, transmutações: da literatura ao cinema e à TV*. São Paulo: Annablume, 1996, p. 137.

Os gêneros produzidos pela TV seguem as determinações do ritmo doméstico. A telenovela exibida às 18 h dirige-se a um público de mulheres, crianças e adolescentes. Não podemos esquecer também a série *Malhação*, no horário das 17 h e 30 min. Às 19 h, as telenovelas seguem uma linha de comédias românticas, para um público mais diversificado de pessoas que retornam do trabalho e buscam na TV momentos de lazer. O drama está presente após o horário das 20 h, em que se concentram os maiores índices do IBOPE. Nenhum desses programas foge aos moldes clássicos do "folhetim eletrônico" da representação de dramas familiares e clichês.

No horário das 22 h, em tempos passados, eram apresentados temas mais polêmicos e a programação seguia uma linha mais ao gosto da elite cultural, como afirmam Armand e Michèle Mattelart[7]. Segundo os autores, essa linha deu origem às séries como *Malu mulher*, casos especiais, minisséries e adaptações. Embora o programa siga uma serialidade, permite experimentações.

Para atender às exigências do público e às determinações da produção para o horário das 22 h, *Vidigal* apresenta um grau de parentesco com a telenovela, pois o romance entre Leonardo e Luisinha tem início no final do primeiro bloco; deste modo, o público das telenovelas pode ser conquistado antes do intervalo para os comerciais, quando um possível *zapping*[8] pode acontecer. Além disso, está próximo do gênero apresentado na telenovela das 19 h.

O aspecto diferenciador é o fato de ter sido inspirado na obra literária de Manuel Antônio de Almeida, o que o aproximaria das minisséries; todas as chamadas, ou paratextos[9], que

---

7. Mattelart, Armand & Mattelart, Michèle. *Carnaval das imagens. A ficção na TV*. São Paulo: Brasiliense, 1989, pp. 61-63.

8. Hábito de trocar de canais de TV através do controle remoto. É o terror dos produtores de TV, que precisam manter a audiência para satisfazer as exigências dos patrocinadores.

9. São textos que anunciam o programa na própria televisão ou em revistas e jornais.

antecederam à exibição, destacavam essa característica, possibilitando a conquista de um público leitor e não-leitor, seja para comparar o texto literário com o televisivo, seja pela ilusão de que o programa substituía a leitura da obra original. Além disso, as chamadas têm a função de orientar a leitura da adaptação.

A vinheta também marca os momentos de interrupção para o intervalo.

Fotograma[10] 1 — Vinheta

O telespectador não é atraído somente pela linha narrativa porque, em se tratando de texto televisivo, espera-se que as imagens e sons possam também oferecer algum prazer para aquele que vê e ouve. Por isso, as cenas do encontro do jovem casal são construídas a partir de uma estética visual em que tanto as técnicas de iluminação quanto a trilha sonora se tornam fundamentais para compor o clima romântico e mágico entre os dois, aspectos que serão retomados no capítulo 3.

No segundo e no terceiro bloco são mantidas as duas tendências — cômica e romântica — mostrando as travessuras de Leonardo e o desenrolar do romance, na luta para vencer os obstáculos.

---

10. Fotograma é cada quadro de imagem que compõe o plano-seqüência; o conjunto de fotogramas (do inicial ao terminal) produz o sentido do texto, construindo o movimento fílmico.

O quarto bloco se inicia num clima trágico, provocado pelo discurso do Padrinho, revelando o seu pessimismo e desgosto, mas também seu amor por Leonardo; a morte do Padrinho tem um clima de dor e comoção, próximo das telenovelas. No término do bloco, porém, o clima cômico é restituído e o romance chega ao final feliz.

No quinto bloco temos um elemento diferenciador pois, enquanto na telenovela a história termina nas cenas de casamento, isto é, na consagração do romance, temos uma versão do que acontece depois, quebrando-se o mito do amor jovial e único. Essa espécie de *"day after"* surpreende o telespectador acostumado aos finais à maneira dos contos de fada.

A interferência de Murilo Benício e Mariana Oliveira, no final do quarto bloco, é necessária para impedir que o telespectador mude de canal; os atores aparecem para avisar o telespectador sobre a continuidade do programa. O quinto bloco trará a grande revelação que consiste em mostrar o cinismo com que a sociedade brasileira, "moralista", aceita e legitima comportamentos ilícitos na conquista dos desejos, consagrando, portanto, o "jeitinho brasileiro" para solucionar os problemas e a conduta amorosa.

A passagem de um bloco para outro é estruturada por meio de "ganchos", que têm a função de produzir um clima de suspense ou tensão, criando "momentos de risco". No primeiro bloco temos a apresentação temática; o segundo bloco se inicia com a chegada de José Manuel, antagonista de Leonardo e primeiro obstáculo para a realização do romance, e termina com a mentira de Vidinha sobre a gravidez, segundo obstáculo do romance; no terceiro bloco, o destino de Leonardo começa a ser manipulado pelo Padrinho e a Comadre, terminando com a prisão de Leonardo e, nesse sentido, há dois agravantes: o romance não pode ser concretizado e o herói perde a liberdade; o quarto bloco tem início com o monólogo do Padrinho e termina no final feliz, interrompido pelos atores principais; no quinto bloco, a grande revelação do texto é o nascimento dos meninos, todos filhos de Leonardo.

Os ganchos fazem parte da estratégia para reter o público telespectador que, durante os intervalos comerciais, passeia pelos canais. Para Roberto Manzoni[11], do SBT, um bom gancho é capaz de prender o telespectador; isso serve tanto para programas de variedades quanto para telenovelas ou filmes.

A produção respeita, portanto, os fatores que determinam a melhor audiência do programa; projeta-se o perfil de telespectador para aquele horário, procurando detectar as expectativas acerca do programa. Entretanto, se de um lado a produção reconhece a fragmentação e segue as imposições do "mercado da audiência", de outro, não precisa conviver com o inconveniente do *merchandising*[12], tão presente nas telenovelas. No caso do programa especial, os aspectos fundamentais para garantir a audiência e, conseqüentemente, valorizar o horário comercial, são as chamadas exibidas no interior da programação e o próprio processo de criação, que contribuirão para envolver o telespectador.

Por ser fechado, a vantagem desse formato é permitir maior elaboração do plano estético. O processo de adaptação do programa *Vidigal* segue as mesmas normas de produção, ou seja, está dentro de uma linha de adaptações literárias, por isso não foge de uma serialidade, mas aponta a tendência do Núcleo Guel Arraes em buscar uma linguagem televisiva que, neste caso, mescle com a linguagem teatral. Temos outros exemplos recentes dessa tendência, como a adaptação da peça de Ariano Suassuna, *Auto da compadecida*[13], e o especial *Chiquinha Gonzaga*.

---

11. Maron, Alexandre. Alta fidelidade. *Folha de S. Paulo*, 12 set. 1999, pp. 8-9.

12. Trata-se de propagandas dos patrocinadores inseridas ao longo do programa. Pode mostrar um personagem utilizando os serviços de um banco, ou o mocinho comprando um perfume em loja conhecida pelo público e que tem contrato com a emissora.

13. Ver capítulo 6.

## 2.3. Aspectos técnicos do texto televisivo

*2.3.1. Produção de imagem*

Como a TV possui elementos técnicos muito próximos do cinema, tomaremos por base alguns estudos que tratam do discurso cinematográfico. Tal medida pode ser aplicada à adaptação, pois o programa *Vidigal* foi gravado (filmado) e não exibido ao vivo.

A produção do gênero narrativo, ou ficcional, no cinema e na televisão apresenta tecnicamente pontos semelhantes, como a construção das imagens, das cenas, da posição da câmera. Outros gêneros como mesa-redonda, programas de auditório, incomuns no cinema por serem apresentados ao vivo, têm outra peculiaridade na exibição da imagem; segundo Metz, na televisão não há fotogramas (unidade básica de significação), pois as imagens ao vivo são transmitidas eletronicamente, via satélite, exceto quando se trata de gravação filmada ou filmes — nesses casos, o cinema e a televisão possuem códigos similares. Como o programa especial foi gravado, adotaremos o termo "fotograma" para as imagens extraídas do programa, embora para a gravação não seja utilizado o mesmo sistema de película como no cinema[14].

Para a nossa análise tomaremos as noções técnicas e a nomenclatura utilizada para a concepção das imagens relacionadas aos movimentos de câmera, pois, como afirma Ismail Xavier, o realismo no cinema é dado sobretudo pelo movimento.

A expressividade do discurso se constrói a partir dos planos[15], ou fragmentos do filme, que são as tomadas de cenas

---

14. Segundo Doc Comparato, tecnicamente o que distingue o cinema da televisão é a maneira como se fixa a imagem. No cinema, uma tira de celulóide, projetada numa tela grande, lança vinte e quatro imagens por segundo. A televisão projeta as imagens através de pontos e linhas; o que vai se refletir substancialmente na qualidade das imagens.

15. Os planos constituem enquadramentos de imagem de acordo com a perspectiva do espectador; a mobilidade da câmera, ao aproximar-se ou distanciar-se

existentes entre dois cortes. O corte é feito na passagem de um espaço/tempo para outro na narrativa, unindo dois planos. Assim, é na montagem, ou seja, na articulação dos planos, que se deve produzir um sentido lógico e coerente, capaz de criar a sensação de realidade para o texto visual, porque, segundo Xavier, "a filmagem é o lugar privilegiado da descontinuidade, da repetição, da desordem"[16] que deve ser, no momento da montagem, transformado e organizado para construir uma "continuidade espaço-temporal", tornando invisível o corte.

Entre os teóricos da linguagem cinematográfica não há uma classificação rígida quanto à nomenclatura dos planos, por isso encontramos diferentes enfoques. O plano-seqüência, seqüência de ações sem a separação por corte, por exemplo, nem sempre é mencionado.

Ismail Xavier, ao tomar conceitos de decupagem clássica[17], classifica quatro planos:
- plano geral: amplo, mostra todo o espaço da ação (PG);
- plano médio ou de conjunto: mostra o conjunto de elementos envolvidos na ação (PM);
- plano americano: mostra o personagem da cabeça até a cintura (PA);
- primeiro plano ou *close-up*: focaliza um detalhe (PP).

A distinção entre o plano geral e o de conjunto é muito vaga; pode-se dizer que o plano geral é mais abrangente em relação ao campo de visão.

Quanto ao ângulo ou posição da câmera:
- câmera alta: de cima para baixo;
- câmera baixa: de baixo para cima.

---

do objeto filmado, atribui à cena a tonalidade dramática da seqüência. O *close-up*, por exemplo, aumenta o grau de dramaticidade.

16. Xavier, Ismail. *O discurso cinematográfico: a opacidade e a transparência*. São Paulo: Paz e Terra, 1984, p. 21.

17. Decupagem clássica é uma das fases de elaboração do filme em que se processa a decomposição de cenas em planos. Na montagem, os fragmentos do filme serão organizados e colados através da técnica de cortes.

Metz utiliza o termo *plongée* para câmera alta, e contra-*plongée* para câmera baixa, termos adotados neste estudo.

Martin[18], que também adota a mesma nomenclatura de Metz para o posicionamento da câmera, destaca o sentido das imagens filmadas a partir desses ângulos. A imagem em contra-*plongée* (cp) atribui ao objeto filmado a sensação de superioridade, em *plongée* (p), ao contrário, ocorre um rebaixamento.

Martin acrescenta outros termos de ângulo de filmagem: enquadramento inclinado para determinar um ponto de vista objetivo ou subjetivo do personagem e o enquadramento desordenado, quando a filmadora é sacudida em todos os sentidos.

Há também os movimentos de câmera:

- *travelling*: deslocamento da câmera num determinado eixo;
- panorâmica: rotação da câmera em torno de um eixo, vertical ou horizontal, sem deslocamento do aparelho;
- trajetória: mistura de *travelling* e panorâmica, com utilização de grua.

Os movimentos de câmera, de acordo com Martin, têm a função de definir as relações espaciais entre dois elementos da ação ou expressar a tensão psicológica de algum personagem.

Para o nosso estudo adotaremos o critério a seguir.

- Quanto aos planos:

| PG — plano geral | espaço amplo da ação |
|---|---|
| PM — plano médio | somente elementos da ação |
| PA — plano americano | personagem da cabeça até a cintura |
| *Close* — primeiro plano | detalhes |

---

18. Martin, Marcel. *A linguagem cinematográfica*. São Paulo: Brasiliense, 1990.

• Quanto ao posicionamento de câmera:

| p — *plongée* | focaliza o objeto de cima para baixo |
|---|---|
| cp — contra-*plongée* | focaliza o objeto de baixo para cima |

• Quanto ao movimento de câmera:

| *travelling* | deslocamento através de um carrinho, eixo horizontal |
|---|---|
| panorâmica | rotação da câmera em um eixo |

Outros recursos como som, cor, profundidade do campo serão abordados à medida que a análise do texto televisivo exigir. Destaque-se, neste item, a importância da tomada dos termos técnicos aqui apresentados e utilizados posteriormente.

### 2.3.2. Efeitos visuais

A produção também contou com efeitos visuais criados a partir de imagens computadorizadas. A técnica consiste em filmar várias cenas para depois fundi-las. Tal recurso permite reduzir o custo da produção em 5%, pois torna possível a contratação de um número menor de figurantes.

O soldado observa a população; o poder das milícias fica expresso no posicionamento do soldado.

Fotograma 2 — Figurantes

Segundo Marcelo Camacho e Neuza Sanches[19], o efeito da multiplicação dos figurantes (Fotograma 2) foi criado a partir de três cenas gravadas separadamente, uma com o guarda em destaque, outra com figurantes na parte inferior do forte, e uma terceira com os mesmos figurantes na parte superior, vestidos com roupas diferentes; posteriormente se processa a fusão dessas imagens com o auxílio do computador.

A mesma técnica foi utilizada na cena em que os soldados aparecem repentinamente na parte superior do forte (Fotograma 3). É o momento em que há necessidade de mostrar o poder de Vidigal e a força da guarda nacional. Assim, a multiplicação dos figurantes contribui para revelar a autoridade de Vidigal.

Esta cena também revela o poder das milícias sobre a população.

Fotograma 3 — Soldados

## 2.4. A carnavalização como fator decisivo no processo de adaptação

### 2.4.1. *O espaço carnavalesco*

Como a peça de Millôr Fernandes foi utilizada no processo de adaptação, é importante fazermos algumas considerações sobre o teatro, especificamente neste caso.

---

19. Camacho, Marcelo & Sanches, Neuza. Ilusões digitais. *Revista Veja*. São Paulo: Abril, ano 29, n. 28, 10/07/96, pp. 106-108.

Bakhtin relaciona o espetáculo teatral com as manifestações de festas populares, sobretudo o carnaval; não se trata de um espetáculo qualquer, mas aquele que "se situa nas fronteiras entre a arte e a vida"[20].

As festas carnavalescas, segundo Bakhtin, eram manifestações da cultura cômica popular, e ocupavam um lugar importante na vida cotidiana. O carnaval, pelo seu caráter universal, tornava todos iguais pois permitia viver com plena liberdade, eliminando-se as hierarquias, as leis e as regras dos festejos oficiais que eram concebidos a partir de um mundo limitado e regrado, por isso considerado sério; a única lei obedecida no carnaval era a da liberdade. Nessa oposição, o carnaval criava um "segundo mundo" ao apresentar outra visão da realidade e, sobretudo, das relações interpessoais.

O carnaval não era um espetáculo qualquer, era um "jogo" em que a representação se confundia com a própria vida que, para os atores, passava a ser a "realidade", pois o carnaval era "a segunda vida do povo, baseada no princípio do riso". A percepção carnavalesca produzia um mundo paralelo, em que o indivíduo estabelecia novas relações, livre dos valores e regras da classe dominante, cujo riso festivo, carnavalesco, tinha um caráter universal e ambivalente — negava e afirmava, ao mesmo tempo. O carnaval constituía, desse modo, o "avesso" do mundo oficial.

A adaptação elaborada a partir da percepção carnavalesca do mundo nos permite reconhecer a existência de dois mundos, correspondendo aos dois planos da obra de Manuel Antônio, apontados por Antonio Candido: o da ordem e o da desordem.

Durante o carnaval, os personagens transitam nesse universo intermediário cujas relações sociais são mais igualitárias, onde a praça pública se torna palco dessas manifestações justamente pelo seu autêntico caráter popular e os personagens são participantes e espectadores ao mesmo tempo.

---

20. Bakhtin, Mikhail. Introdução. In: *Cultura popular da Idade Média e do Renascimento*. 2. ed. Trad. Yara Frateschi. São Paulo: EDUNB/Hucitec, 1994, p. 6.

A dimensão social e a estética articulam-se no espetáculo teatral. Podemos verificar que se trata de um "espaço carnavalesco", cuja representação paródica marca o início e o término do programa:

Vidigal faz seu discurso e é aplaudido.

Fotograma 4 — Vidigal e a platéia

Vidigal mostra sua autoridade e aterroriza a população com suas ordens.

Fotograma 5 — Vidigal e a platéia

Saída teatral de Vidigal; a encenação mostra os gestos exagerados.

Fotograma 6 — Saída de Vidigal

O local onde Vidigal faz seu discurso reproduz um palco de teatro. O PG no Fotograma 4 nos dá uma dimensão espacial da relação entre os personagens, já que a platéia se localiza abaixo de Vidigal. As imagens em *p* (Fotograma 5), além de aproximar o evento a um plano terreno, também indicam o grau de hierarquia entre Vidigal e a platéia. O movimento panorâmico da câmera (Fotograma 6) que acompanha a saída do coronel, seguido de aplausos da platéia, simula o olhar do espectador de teatro, isto é, como o de uma câmera fixa visualizando os limites do palco.

Todas as cenas do assalto foram filmadas no mesmo "palco". A coreografia dos personagens é uma paródia de espetáculos de balé, como veremos no capítulo 3.

A saída dos atores desfilando na frente da platéia, o fechar das cortinas e a presença dos atores Murilo Benício e Mariana Oliveira (Fotograma 7) reforçam a criação do espaço cênico.

Desfaz-se o espaço cênico com a fala dos atores.

Fotograma 7 — Murilo e Mariana

A utilização do PM coloca o telespectador no mesmo nível espacial dos atores, possibilitando uma interação, própria do teatro, quando é possível conversar com a platéia.

### 2.4.2. Construção da linguagem da praça pública

As manifestações populares acabam criando uma linguagem muito peculiar. Segundo Bakhtin essa linguagem "caracteriza-se, principalmente, pela lógica original das coisas 'ao avesso', 'ao contrário', das permutações constantes do alto e do baixo ('a roda'), da face e do traseiro, e pelas diversas formas de paródias, travestis, degradações, profanações, coroamentos e destronamentos bufões"[21]. A linguagem familiar, na praça pública, utiliza como forma de comunicação provérbios, blasfêmias, juramentos, formas variadas de obscenidades, provocando o efeito cômico.

Nas primeiras cenas o orador anuncia o prêmio de vinte reais para quem encontrar uma Escrava fugida e seu companheiro, *"possivelmente um tal senhor Leo... Leleo... Leonar..."*. O orador é "aquele que tem o dom da palavra, que fala bem e fluentemente"[22], oposto ao apresentado.

A contradição do discurso de Vidigal se revela através de suas atitudes maliciosas em relação à Vizinha, atribuindo à cena um caráter ambíguo, na medida em que nega e afirma.

Vidigal não consegue esconder sua admiração pelos dotes da Vizinha.

Fotograma 8 — Vidigal e Vizinha

*Bom, eu vou relevar dessa vez. A senhora está, durante uma semana, intimada a comparecer todos os dias na casa da guarda, às sete da manhã.*

---

21. Idem, p. 10.
22. Ferreira, Aurélio Buarque de Holanda. *Novo dicionário básico da língua portuguesa*. Rio de Janeiro: Nova Fronteira, 1988.

*E que decote é esse? Eu já ordenei que não quero nenhuma mulher na rua com um decote com mais de três centímetros abaixo do queixo em posição normal do pescoço. Isto aqui agora é uma capital, decente, civil, policiada.*

O coronel fixa seu olhar no decote avantajado da Vizinha de seios fartos. Há, nesse sentido, um jogo entre o universo da ordem, manifestado no discurso verbal, e o universo da desordem, expresso no olhar de Vidigal.

Na seqüência do discurso temos exatamente uma oposição à essência da festa carnavalesca, quando tudo é permitido:

*Fica proibido tudo o que não for expressamente permitido. Fica proibido estacionar. Fica proibida toda exibição. E conversinha de rapaz com moça só com severa fiscalização. E, por fim, fica proibida toda e qualquer proibição não proibida por mim!*

A procissão torna-se uma paródia do ritual religioso.

PG da procissão, que antecede o encontro entre Leonardo e Luisinha.

Fotograma 9 — Procissão

A negra, seminua, puxa o "cordão" de fiéis, ao som de um ritmo musical alegre e festivo, incomum para aquele momento. Como no texto literário, essas cenas podem ser consideradas os "veios descontínuos", já que funcionam como pano de fundo para a narrativa.

Na linguagem da televisão, as cenas da procissão fazem parte de uma seqüência em que podem ser denominadas de cenas de transição[23]. Em tomadas anteriores, um rápido *flashback*, apresentado em *off*, situa o telespectador sobre a relação entre Leonardo e Luisinha durante a infância; após a explicação, a manifestação coletiva prepara o reencontro do jovem casal.

As imagens relacionadas à igreja são apresentadas num tom de deboche, contrário à natureza séria e oficial do ritual religioso. Os padres, figuras caricatas, aparecem ridiculamente dando pulinhos e levantando os braços, como vemos no Fotograma 10.

A inversão de posturas é deflagrada pelas imagens debochadas dos padres.

Fotograma 10 – Padres e o banquete

O clima festivo se completa com as imagens da vida material, expressa no comer e no beber, num banquete coletivo (Fotograma 10) e também individual (Fotograma 11). Trata-se do princípio da vida material e corporal, isto é, "o princípio da festa, do banquete, da alegria, da festança"[24].

---

23. Doc Comparato nos esclarece que as cenas de transição e de integração são aquelas que ligam uma cena essencial à outra. Essa intermediação é necessária para preencher vazios deixados entre as cenas essenciais, compondo, desta forma, a lógica do texto.
24. Bakhtin, Mikhail. Op. cit., p. 17.

A Vizinha, grotescamente, saboreia uma coxa de galinha.

Fotograma 11 — Vizinha

A nudez, as imagens do corpo, a vida sexual fazem parte desse festejo. As imagens de seios fartos, como os da Vizinha, da Escrava, de Vidinha, são destacadas no texto televisual.

Os seios de Vidinha (Fotograma 12) e da Vizinha são acentuados pela roupa e valorizados em várias tomadas de cenas. A Escrava (Fotograma 13) não veste as mesmas indumentárias, mas circula com os seios à mostra.

Destaque para os seios avantajados de Vidinha.

Fotograma 12 — Vidinha

Embora a Escrava esteja em segundo plano, é possível ver seus seios.

Fotograma 13 — Leonardo e a Escrava

Para Bakhtin, o princípio material e corporal é traço da cultura cômica popular, que se caracteriza pela "concepção estética da vida prática"[25], daí as imagens das necessidades naturais do corpo. É o que ele chama de "realismo grotesco", em que "o cósmico, o social e o corporal estão ligados indissoluvelmente numa totalidade viva e invisível"[26]. Seu caráter é coletivo, pois não diz respeito a um ser isolado mas a um "corpo popular".

No realismo grotesco há um "rebaixamento" para o plano material e corporal. Os procedimentos rituais sérios e elevados são transferidos para a terra e para o corpo. O sentido de "alto" e "baixo" tem um caráter topográfico, concreto. Nesse sentido, a imagem da nudez total, no Fotograma 14, mostra tais aspectos.

Enquanto Leonardo foge dos soldados, são apresentados *flashes* de imagens; o destaque é a nudez da mulher e o ar malicioso do homem.

Fotograma 14 — Mulher nua

Opera-se um "rebaixamento" por meio da imagem da mulher nua em *plongée*. Contudo, se por um lado a degradação é patente, de outro as imagens dos seios representam a vida, o nascimento, também recorrente em todo o texto.

A degradação tem um caráter ambivalente, pois, segundo Bakhtin, "degradar significa entrar em comunhão com a

---

25. Idem, p. 17.
26. Idem, p. 17.

vida da parte inferior do corpo, a do ventre e dos órgãos genitais, e portanto com atos como o coito, a concepção, a gravidez, o parto, a absorção de alimentos e a satisfação das necessidades naturais", ou seja, abre para a possibilidade do nascimento, do começo, por isso "não tem somente um valor destrutivo, mas também positivo"[27].

O sentido corporal e sexual também está presente na imagem grotesca de D. Maria mordendo uma banana (Fotograma 15), alusão ao órgão genital masculino.

D. Maria realiza este gesto lentamente dando destaque para a banana.

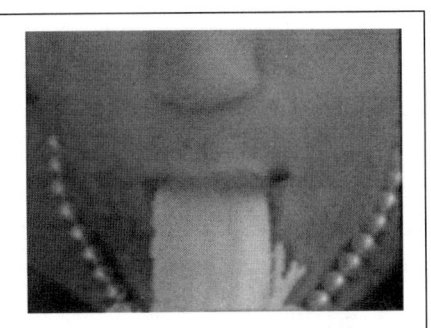

Fotograma 15 — D. Maria

O corpo, no realismo grotesco, ultrapassa seus próprios limites, isto é, "o mundo penetra nele ou dele sai ou ele mesmo sai para o mundo, através de orifícios, protuberâncias, ramificações, excrescências, tais como a boca aberta, os órgãos genitais, seios, falo, barriga e nariz"[28]. É na abertura para o mundo que o corpo grotesco se lança e se prepara para ser concebido e fecundado, daí o nascimento, o princípio da "cadeia da evolução das espécies".

Leonardo engendra uma linhagem arquetípica do brasileiro, não só porque fixa um determinado caráter, um certo jeito de "ser" brasileiro, mas também por conceber uma ca-

---

27. Idem, p. 19.
28. Idem, p. 23.

Os filhos de Leonardo reunidos nas cenas finais, todos trazem a mesma marca de nascença.

Fotograma 16 — Filhos de Leonardo

deia de "mestiços" (Fotograma 16), descendentes de mulheres de etnias diferentes (Vidinha, Escrava, Luisinha).

A natureza coletiva que Leonardo representa, em *Vidigal*, consiste na "habilidade" de resolver os problemas, ou sobrepor os obstáculos através da falcatrua, do engano. Na festa carnavalesca, a máscara engana, mas sua essência não é destrutiva, ao contrário, ela "encarna o princípio de jogo da vida"; ela marca a ruptura com um mundo instituído, regrado e sério; a máscara não esconde, antes revela a natureza do ser humano.

A cadeia de enganos que encontramos em *Vidigal* é impulsionada pelos desejos e necessidades de Leonardo.

Leonardo engana os granadeiros ao imitar a voz do coronel e vestir a capa de Vidigal para fugir da casa de Vidinha (primeiro bloco); engana Luisinha tomando o lugar do padre no confessionário (segundo bloco); engana a todos para desmoralizar seu rival José Manuel, mas recebe a ajuda da Comadre e do Padrinho (terceiro bloco); novamente engana a todos, auxiliado por Vidigal e Vidinha, ao simular o assalto e conquistar sua liberdade (quarto bloco). A essência do engano consiste em fazer o outro de bobo, ridicularizando-o e humilhando-o.

As cenas de perseguição caracterizam a relação entre perseguido (esperto) e perseguidores (bobo). As imagens são apresentadas em câmera rápida, ou seja, ocorre uma alteração do tempo real, e a trilha sonora tem um ritmo acelerado para criar um clima cômico. Em momentos diferentes, Leonardo é perseguido pelos granadeiros, por Toma-Largura e pelo padre. Essas cenas aproximam-se daquelas concebidas em filmes mudos, em que o protagonista engana o seu perseguidor.

Somente a primeira perseguição, em que Toma-Largura consegue capturar Leonardo (primeiro bloco), foge temporariamente a essa regra, pois a presença de Vidigal retoma a lógica das perseguições. Toma-Largura solta Leonardo e passa de perseguidor a perseguido, e acaba preso por Vidigal.

O caminho percorrido por Leonardo nunca é solitário pois sempre tem alguém que o protege e se preocupa com seu destino, como o Padrinho, a Comadre e D. Maria. Destino revelado nas leituras premonitórias de Vidinha. São os elementos esotéricos (quiromancia e leitura de cartas) que funcionam como antecipações para criar expectativa no telespectador.

As premonições de Vidinha, cigana da fortuna, projetam o futuro de Leonardo na prisão de Vidigal, iniciando o clima de suspense da história; o telespectador fica preparado para a intriga vivida por Leonardo, nas suas relações amorosas (Fotograma 17); sabe que Vidigal está à procura de Leonardo, mas não sabe se isso ocorrerá, nem se o nosso herói conseguirá se safar.

O enquadramento em diagonal contribui para aumentar a tensão sobre o destino de Leonardo.

Fotograma 17 — Carta "os amantes"

Desde o início do texto, cria-se uma empatia com o personagem Leonardo, o telespectador comove-se com a expectativa de um destino não muito promissor. O fator de identificação — a liberdade e a malandragem — com o personagem leva à aceitação e legitimação do arranjo final.

### 2.4.3. *A dimensão histórica*

As imagens de tortura de escravos estão mais próximas daqueles "veios descontínuos", apontados por Antonio Candido no romance, do que a cena da procissão (Fotograma 9), que marca uma passagem.

Visualmente as imagens dos escravos parecem soltas, mas são importantes porque resgatam um aspecto histórico e causam sobretudo um certo estranhamento, já que não é discutida explicitamente a questão da violência na época da escravidão.

Esse tema aparece sutilmente no percurso da Escrava. O tom galhofeiro das primeiras cenas, quando Leonardo foge com ela, se perde na chegada de José Manuel, pois ela repete insistentemente o nome de Vidigal e o Padrinho revela o castigo sofrido por ela.

O detalhe do escravo aparece em *flashes* quando os soldados estão perseguindo Leonardo.

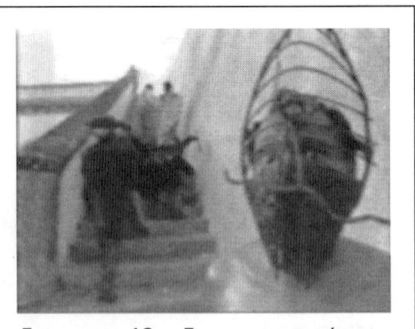

Fotograma 18 — Escravo com máscara

No Fotograma 18, temos ao fundo Leonardo, a Escrava e o granadeiro e, em *close*, o destaque da imagem do escravo com a máscara. Segundo Emília Viotti da Costa[29], a máscara era usada como instrumento de repreensão, ela servia para evitar que o escravo comesse terra ou se embebedasse; o artefato servia também para coibir tentativas de suicídio. Essa prática corriqueira criava um "museu dos horrores", como afirma Lilia Moritz Schwarcz[30]. Trata-se, pois, de referencial histórico sobre a violência exercida contra negros durante a escravidão.

Apresentação de outro detalhe sobre a tortura de escravos.

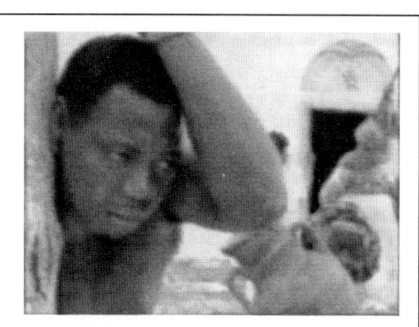

Fotograma 19 — Escravo no tronco

A mesma concepção de imagem é apresentada no Fotograma 19; o escravo em *close* e no fundo o desenrolar da narrativa. Os escravos muitas vezes eram açoitados em praça pública como castigo e exemplo para outros escravos que pretendessem fugir ou cometessem algum delito. Também era comum a utilização de argolas no pescoço.

Nas duas cenas são utilizadas câmeras panorâmicas acompanhando o desenrolar da narrativa; na primeira cena, o movimento é da esquerda para a direita e, na segunda, da direita para a esquerda. A perspectiva vai mudando na medida em que se provoca um distanciamento da narrativa, para fixar e destacar as imagens dos escravos.

---

29. Costa, Emília Viotti. *Da senzala à colônia*. São Paulo: Livraria Ciências Humanas, 1966.

30. Schwarcz, Lilia Moritz. Ser peça, ser coisa: definições e especificidades da escravidão no Brasil. In: Schwarcz, Lilia Moritz & Reis, Letícia Vidor de Sousa (orgs.). *Negras imagens*. São Paulo: EDUSP, 1996.

São momentos muito rápidos, pois o tempo de retenção da imagem é pequeno, mas o suficiente para causar certo impacto já que se opõe ao clima cômico do texto televisivo. Essas imagens correspondem àqueles "veios descontínuos" presentes no romance de Manuel Antônio e apontados por Antonio Candido.

Na adaptação há também momentos em que o dado histórico integra a narrativa, isto é, faz parte do plano estético, como podemos verificar nas cenas que antecedem o "arranjo final".

No casa da guarda, Vidinha cede aos apelos de Vidigal em troca da liberdade de Leonardo.

*Seqüência 30 — na casa da guarda*
*Vidigal: Repita! O que é que você quer?*
*Leonardo: Deixar o quartel e ir para casa.*
*Vidigal: Só isso?*
*Leonardo: Não! Eu também quero me casar.*
*Vidigal: Casar?*
*Leonardo: Exatamente!*
*Vidigal: Além da baixa, você também quer que eu lhe dê autorização para se casar.*
*Leonardo: Isso.*
*Vidigal: Olha aqui, rapaz, eu tenho a impressão que você ficou completamente maluco. Dez dias de solitária pela insolência!*
*Leonardo: Eu acho que aí tem alguém que possa fazer você mudar de idéia.*
*(Vidinha entra)*
*Vidinha: Em nome da felicidade geral estou disposta ao sacrifício.*
*Vidigal: Que tipo de sacrifício?*
*Vidinha: Esquecer por alguns momentos as proibições do Vidigal.*

Na fala de Vidinha temos a alusão ao Dia do Fico[31]. Em outras versões fílmicas, D. Pedro teria dito: "Para felicidade

---

31. Dia do Fico. Em 1821, a elite nacional do "partido brasileiro" e representantes políticos de latifúndios se uniram para impedir o retorno de D. Pedro a Portugal;

geral da nação, diga ao povo que fico"; esse enunciado ficou conhecido e cristalizou-se para consagrar um sentimento cívico de sacrifício pela pátria.

O tema amoroso é utilizado de forma paródica para revelar uma atitude política recorrente desde tempos remotos: a falcatrua, o uso de meios ilícitos para obter benefícios.

A "aliança", coroada pelo riso final e coletivo, ao mesmo tempo em que representa o universo da desordem (aspecto negativo), também liberta (aspecto positivo).

---

tal fato daria início à proposta das cortes em retroceder ao passado colonial, o que representaria para o "partido brasileiro" a perda de seus privilégios, o enfraquecimento da atividade comercial e a extinção de órgãos administrativos. Em outubro de 1821, dois decretos, vindos de Lisboa, ordenavam o retorno de D. Pedro a Portugal. D. Pedro esperou oportunamente que as manifestações sobre sua permanência crescessem. Em 9 de janeiro de 1822, uma comissão chefiada por Clemente Pereira entregou ao príncipe um pedido, de oito mil pessoas, para que ele ficasse. Assim, o Dia do Fico representou a desobediência às cortes, iniciando um processo de ruptura.

3

# Do livro à TV

## 3.1. Texto literário[1] e texto televisivo

A primeira diferença entre o texto televisivo e o texto literário é de ordem temporal. No texto literário o período em que se desenrolam os fatos é muito maior, pois temos desde o romance entre Leonardo-Pataca e Maria das Hortaliças, antes do nascimento de Leonardo, até o casamento deste com Luisinha, depois de uma longa trajetória de encontros e desencontros. Logo, é natural que faltem, na adaptação, muitos episódios que estão presentes no texto literário.

Roteiristas, como Doc Comparato[2], afirmam que muitas vezes é necessário condensar a obra original, sobretudo quando se trata de um romance[3]. Eliminam-se alguns episódios, mas permanece o núcleo conflitivo, pois a adaptação precisa conter aspectos semelhantes suficientes para que seja reconhecida a obra original.

---

1. Almeida, Manuel Antônio de. *Memórias de um sargento de milícias*. Ed. crítica de Cecília de Lara. Rio de Janeiro: LTC, 1978.

2. Comparato, Doc. *Roteiro: arte e técnica de escrever para cinema e televisão*. Rio de Janeiro: Nórdica, 1983, p. 216.

3 Algumas vezes pode ocorrer a expansão, como no caso de microsséries, minisséries, telenovelas. Ver capítulo 6.

O fato de que Leonardo nascera de "uma pisadela e um beliscão" do romance entre Leonardo-Pataca e Maria, a bordo do navio que rumava para o Brasil, vindo de Lisboa, é enfatizado no livro (p. 6, cap. I, tomo I) mas não aparece no texto da TV, nem a origem do apelido Pataca, que foi incorporado ao nome de Leonardo, o pai, e que passou para o filho, na TV. Não teremos também a relação entre os dois porque Leonardo-Pataca será excluído do texto televisivo. Notamos que no processo de transposição ocorre a condensação dos episódios vividos pelo pai e pelo filho.

Na obra original, acompanhamos a vida amorosa de Leonardo-Pataca. Traído por Maria, encontra consolo nos braços da Cigana, que também o trai com o padre. Ao procurar o velho caboclo para ler sua sorte (p. 19, cap. IV, tomo I) é preso pelo major Vidigal (p. 23, cap. V, tomo I).

Por interferência da Comadre, pessoa mais indicada para esses "arranjos", Leonardo-Pataca é solto (cap. VIII, X, XIV, tomo I) e trama uma cilada para desmoralizar o padre (cap. XV, XVI, tomo I).

Leonardo-Pataca encontra sossego na união amorosa com Chiquinha. Dessa união nasce uma filha cujo parto é narrado no capítulo I, tomo II, "A Comadre em exercício". Chegado o dia, Leonardo manda tocar os sinos da igreja, por prevenção, já que era o costume da época quando a parturiente sofresse algum perigo. Passado um tempo, depois de todas as precauções e rezas da Comadre, ela manda que Leonardo traga o garrafão.

— Ô compadre, dê cá lá uma garrafa...
O Leonardo-Pataca obedeceu prontamente. Ouviu-se então de dentro do quarto o som que produziria uma boca humana a soprar com toda a força dentro de alguma cousa. Era Chiquinha que por ordem da comadre soprava a morrer de cansaço dentro da garrafa que esta mandara vir.
— Com força, menina, com bem força, e Nossa Senhora não desampara os fiéis. Ânimo, ânimo; isto o mais que sucede é

uma vez por ano. Desde que nossa mãe Eva comeu aquela maldita fruta ficamos nós sujeitas a isso. "Eu multipliquei os trabalhos de teu parto". São palavras de Jesus Cristo!
(...)
— Soprai, menina, continuava sempre dentro a comadre, soprai com Nossa Senhora, soprai com os Anjos e Serafins da Corte Celeste, com todos os Santos do paraíso, soprai com o Padre, com o Filho e com o Espírito Santo.
Houve finalmente um instante de silêncio, que foi interrompido pelo choro de uma criança (p. 109).

São essas cenas que vemos reproduzidas durante o parto da Escrava, de Vidinha e de Luisinha, na televisão. Na adaptação, as três parturientes, auxiliadas pela Comadre, também sofrem a mesma angústia de Chiquinha ao dar à luz. Ouvimos o sopro frenético das mulheres, intercalado com gritos desesperados.

Vidigal acompanha Vidinha durante o parto.

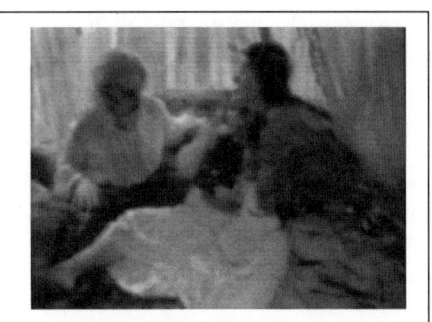

Fotograma 20 — Vidinha

D. Maria orienta Luisinha na hora do parto.

Fotograma 21 — Luisinha

A Escrava é auxiliada por outras escravas.

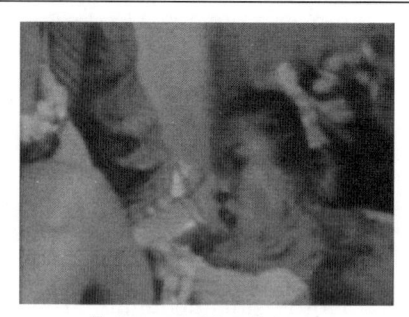

Fotograma 22 — Escrava

As cenas ganham maior destaque para enfatizar o nascimento das crianças. Os aspectos diferenciadores dos episódios são determinados pela situação de cada personagem na narrativa. Vidinha tem ao seu lado Vidigal, a Escrava é acompanhada por outros escravos e Luisinha é apoiada por D. Maria. A ausência de Leonardo é no mínimo conveniente, já que ele é pai dos três filhos que nascem no mesmo momento. Deste modo, ele não sofre as mesmas aflições que Leonardo-Pataca.

No texto literário, com a morte do Padrinho (cap. V, tomo II), Leonardo volta a morar com o pai. As intrigas entre Leonardo e Chiquinha são contadas nos capítulos "Transtorno" (cap. V, tomo II) e "Peior transtorno" (cap. VI, tomo II).

Nos capítulos II, III, VI, XI, XII, XIII são narradas as travessuras de Leonardo durante a infância e não aparecem na adaptação, embora alguns detalhes estejam presentes. Quando o programa se inicia Leonardo já é um rapaz, o que coincide com o capítulo "Amores" (cap. XVIII, tomo I) do livro. Leonardo crescera e tornara-se "um completo vadio, vadio-mestre, vadio tipo" (p. 81), também nessa época começara a notar sensações diferentes ao encontrar com determinadas pessoas. As primeiras cenas na TV sintetizam a vadiagem de Leonardo e mostram que ele já se iniciara na vida sexual, pois logo nas primeiras cenas o encontramos nos braços da Escrava (ver Fotograma 13).

As expectativas do Padrinho (clérigo), da Comadre (artista) e de D. Maria (advogado) quanto ao futuro de Leonardo também se encontram nesse capítulo, que constitui uma retrospectiva do capítulo III, tomo I ("Está dito há de ser clérigo", p. 16) e do capítulo VII, tomo I ("achava melhor metê-lo na Conceição a aprender um ofício", p. 31).

O primeiro encontro de Luisinha e Leonardo, ainda no capítulo XVIII, não apresenta nenhum clima romântico entre os dois, ao contrário, Leonardo "a custo conteve o riso" (p. 82) ao vê-la. O encontro romântico acontecerá no capítulo "O fogo no campo" (XX, tomo I), no dia da festa do Divino, e a declaração desse amor no capítulo XXIII, tomo I, episódios que encontraremos na TV.

O aparecimento do personagem José Manuel (cap. XXI, tomo I) dará origem a outra intriga, pois é rival de Leonardo. Para desmoralizar o português e afastá-lo de Luisinha, a Comadre, em combinação com o Padrinho (cap. XXII, tomo I), inventa uma série de mentiras para D. Maria (caps. II, III, tomo II), mas José Manuel desconfia e arranja um aliado, o mestre-de-reza, para restituir sua imagem (cap. IV, tomo II). A Comadre é desmascarada (cap. IX, tomo II) e José Manuel, triunfante, casa-se com Luisinha (cap. XII, tomo II).

Paralelamente a esses fatos, Leonardo conduz uma série de acontecimentos envolvendo o seu romance com a personagem Vidinha. No capítulo VII, tomo II, Leonardo reencontra Tomás, amigo de infância, e conhece Vidinha, irmã de Tomás, "uma mulatinha de 18 a 20 anos" (p. 133). O desenrolar do romance entre os dois é tumultuado pelos primos dela (caps. VIII, X, XI, XIII, tomo II) e termina com a prisão de Leonardo pelo major Vidigal (cap. XIV, tomo II).

Leonardo consegue fugir de Vidigal. Para proteger Leonardo, a Comadre arranja-lhe uma ocupação de "servidor na ucharia real" (p. 121). Lá, entretanto, Leonardo se envolve com a moça do Toma-Largura. Essa intriga é narrada nos capítulos XV, XVI, XVII, tomo II.

O Toma-Largura, para vingar-se de Leonardo, começa a cortejar Vidinha (cap. XVIII, tomo II) e cai numa cilada preparada pelos primos dela. Para espanto de todos, Vidigal aparece na patuscada realizada pelos parentes de Vidinha, trazendo Leonardo como granadeiro (cap. XIX, tomo II). Na TV, Vidinha não é uma mulata, ela é uma cigana da fortuna, por isso nem todos os momentos vividos por Leonardo com ela aparecem no texto televisivo.

Nos capítulos XX, XXI, e XXII, tomo II, são narradas as travessuras que Leonardo continua fazendo, mesmo servindo a guarda comandada por Vidigal. Pelas suas traquinagens, o jovem é preso.

Novamente a Comadre interfere para tentar outro "arranjo" para o caso de Leonardo. Ela vai buscar ajuda com D. Maria que, por sua vez, pede ajuda a Maria-Regalada. A partir deste momento os fatos se precipitam. Maria-Regalada convence Vidigal a libertar Leonardo e, em troca, ela cederia aos seus apelos de viverem juntos (cap. XXII, XXIII, tomo II).

No capítulo XXIV, tomo II, José Manuel morre deixando Luisinha livre para se casar com Leonardo, mas para que isso aconteça ele precisa da baixa da tropa de linha. Mais uma vez a Comadre interfere e Vidigal, persuadido por Maria-Regalada, não só concede a baixa como também o nomeia sargento de milícias (cap. XXIV, XXV, tomo II).

Como podemos perceber, o texto literário apresenta um número maior de intrigas porque contém um número maior de personagens. Na adaptação, os episódios são construídos a partir da composição dos personagens que sofrem transformações, determinando as conjunções e disjunções.

Na televisão ocorre uma fusão entre alguns personagens do livro, como é o caso de Leonardo-Pataca, visto que há uma mescla da trajetória do pai e do filho, o mesmo acontecendo com Vidinha e José Manuel.

Na obra original, Leonardo vive um romance com Vidinha, mas na TV ela é a condensação da Cigana, de Vidinha e de Maria-Regalada, personagens que formam par romântico, respectivamente, com Leonardo-Pataca, Leonardo e o major Vidigal. Por isso a narrativa também sofre condensação.

O relacionamento amoroso entre Luisinha e Leonardo é abreviado, pois exclui-se a trajetória de Leonardo-Pataca, do texto literário. Assim, o programa inicia-se com a apresentação do par romântico no primeiro bloco, questão já discutida anteriormente.

A trajetória de José Manuel é totalmente modificada. Ele vive, na TV, o fato que ocorre com o padre na obra original, mas não consegue realizar o casamento com Luisinha.

Existe uma equivalência entre os dois textos em relação ao arranjo final. Em ambos, o conflito é resolvido através do acordo, que na TV só se efetiva com um pretexto, uma encenação, e na obra original, o major Vidigal tem poderes para libertar e nomear Leonardo.

O desfecho dos textos é diferente. No texto literário, Manuel Antônio encerra a narrativa com o casamento de Luisinha e Leonardo:

> Passado o tempo indispensável do luto, o Leonardo, em uniforme de Sargento de Milícias, recebeu-se na Sé com Luisinha, assistindo à cerimônia família em peso.
> Daqui em diante aparece o reverso da medalha. Seguiu-se a morte de D. Maria, a do Leonardo-Pataca, e uma enfiada de acontecimentos tristes que pouparemos aos leitores, fazendo aqui ponto final (p. 209).

Após a felicidade do casamento, os acontecimentos destacados são a morte dos personagens, o fim de uma geração, isto é, a de D. Maria e a de Leonardo-Pataca.

No texto televisivo, a continuação da vida cotidiana se concretiza com o nascimento das crianças, que em nenhum momento se revela triste, pois é antes o prenúncio da formação de uma nova estirpe, a dos "Leonardos". Além disso, revela atitudes tipicamente brasileiras, isto é, a da utilização do "jeitinho" e da conduta amorosa.

## 3.2. Texto teatral[4] e texto literário[5]

A peça teatral *VMSM* foi montada em 2 atos, com 14 quadros[6] no primeiro e 15 no segundo. O cenário é uma praça com uma grande árvore no meio, dividindo o ambiente com a barbearia e as casas vizinhas. Foi representada pela primeira vez no Largo do Boticário (RJ), em junho de 1966, dirigida por Geraldo Queiroz.

No Ato I, temos fundamentalmente a apresentação dos personagens e a relação entre eles. No Quadro 7, começa o romance entre Leonardo e Luisinha, que posteriormente é ameaçado pela presença de José Manuel (Q12), acontecimentos que correspondem aos capítulos XX, "O fogo do campo", e XXI, "Contrariedades".

As intrigas são narradas no Ato II, como a conspiração da Comadre contra José Manuel (Q1), os episódios entre Leonardo e Vidinha (Q2, Q6), o triunfo de José Manuel (Q8), a prisão de Leonardo (Q9), a trama entre Tomás e Leonardo para chantagear Vidigal (Q12).

O núcleo familiar de Vidinha se mantém na peça, mas muda-se a etnia, de mulata transforma-se em cigana.

A peça tem início com uma canção que nos situa na época e no local da narrativa, ou seja, "nos tempos do Rei" (p. 7) no "Rio Imperial" (p. 8). Há um anacronismo em relação ao tempo histórico, pois, enquanto no texto literário a narrativa se passa no Brasil Colonial, no texto teatral, Millôr toma como referência o Brasil Imperial.

A segunda canção ("É proibido não proibir") revela o poder de Vidigal sobre a cidade e mostra o temor das pessoas diante desse personagem. Essa canção corresponde ao capítulo "O Vidigal" (V, tomo I) e apresenta como elemento diferen-

---

4. Fernandes, Millôr. *Vidigal: memórias de um sargento de milícias.* 3. ed. São Paulo: Brasiliense, 1982.
5. Almeida, Manuel Antônio de. Op. cit.
6. Os quadros são constituídos de uma seqüência de diálogos e ações.

ciador a patente de Vidigal: no texto literário ele é major e no teatro transforma-se em coronel.

A caracterização de Leonardo é feita nos quatro primeiros quadros. Ele é um malandro, um mulherengo como podemos perceber nos Q1, 2, 3, 4. No Q1, a cena em que ele corta o cabelo do Desembargador mostra que, além de mulherengo, ele é também um traquinas. Referências sobre a sua origem — o pai, a mãe, as circunstâncias de seu nascimento e fatos da vida do pai — são apresentadas ao longo dos quadros. Assim, os capítulos I, II e III, tomo I, do texto literário, são diluídos no decorrer da peça.

O episódio do Q1, do corte do cabelo do Desembargador, não aparece no texto literário. Segundo Doc Comparato, algumas vezes o adaptador pode criar novas situações, sem contudo prejudicar a linha narrativa.

O Q5 corresponde ao capítulo I, tomo I, do texto literário, em que é narrado o parto de Chiquinha e também ao capítulo VII, tomo I, quando tomamos conhecimento de que a Comadre tem a função de parteira. Enquanto no teatro temos apenas uma referência ao acontecimento, no livro há um trecho descritivo sobre ritual de preparação para o parto, como as badaladas do sino, o ramo de palha, o garrafão, enfim, tudo o que diziam sobre as superstições e cuidados da época.

As preocupações do Padrinho, da Comadre e de D. Maria com o destino de Leonardo (Q6 e 7) também aparecem, assim como a Vizinha agourenta. Mas, ao contrário do texto literário que nomeia os personagens a partir de sua função profissional ou social na história, no texto teatral esses personagens são identificados por nome próprio. O Padrinho recebe o nome de Manuel Gonzaga Pataca, desvinculando-se o apelido Pataca de Leonardo, o pai, e, nesse sentido, marcando um distanciamento do pai verdadeiro com o filho, atribuindo ao Padrinho a responsabilidade paterna.

A Comadre recebe o nome de Traquitanas, que significa, na linguagem popular: "carro mais ou menos desconjuntado, calhambeque". O nome da Vizinha, Neurontina, lembra algo relacionado à neurose. Essa nomeação dos personagens não implica a perda de suas características nem modifica a relação entre eles.

O encontro entre Luisinha e Leonardo acontece no Q6. Leonardo, ao ver a menina, já lhe lança galanteios e o romance tem início no Q7, quando ocorre uma cena carregada de insinuações e namoricos.

Uma das travessuras de Leonardo é vestir-se de Padre e ouvir as confissões de Luisinha (Q9, Ato I). Esta cena é realizada com as vozes em *off* e não aparece no texto literário, mas foi levada para a TV.

No Q10, Ato I, temos a chegada de José Manuel, que corresponde ao capítulo XXI, tomo I. A trajetória desse personagem é semelhante ao livro. José Manuel é recebido por D. Maria e acaba sendo alvo de uma conspiração armada pela Comadre e o Padrinho (Q1, Ato II) a fim de desmoralizá-lo (Q4, Ato II). Auxiliado pelo cego, José Manuel desmascara a Comadre (Q4 e 8, Ato II).

Paralelamente à intriga com José Manuel, Leonardo conhece Vidinha (Q2, Ato II) e encontra nela um consolo para o amor de Luisinha, já que seu rival é um partido melhor do que ele.

O romance entre Leonardo e a cigana Vidinha gera intrigas entre os primos dela, por isso Leonardo sofre as conseqüências da trama desses primos, acaba preso pelo Coronel Vidigal e escapa escondendo-se debaixo das saias das mulheres da praça (Q2, 6 e 7, Ato II). Este episódio é semelhante ao que acontece nos capítulos XIII e XIV, tomo II, do texto literário.

No Q7, Luisinha e Vidinha brigam por causa de Leonardo, cena que não possui nenhum episódio equivalente no livro, mas ressalta uma característica de Vidinha, isto é, ela é uma mulher muito ciumenta.

Leonardo vai trabalhar no ginásio de esportes e lá acaba cortejando a mulher do Toma-Largura, fato que dá origem à intriga entre os dois e resulta na prisão de Leonardo pelo Coronel Vidigal (Q9). Esses acontecimentos coincidem com o episódio do "caldo", no capítulo XV, tomo II.

A partir do Q12 tem início a solução do conflito. Tomás vai visitar Leonardo na prisão e o encontra fardado. Nessa ocasião os dois, lembrando-se do amor secreto do Coronel e de D. Maria, resolvem usar esse segredo para chantagear o Coronel e conseguir a liberdade para Leonardo.

Antes de pôr em prática o seu plano, Leonardo pede a Tomás que rompa o namoro com Vidinha e avise Luisinha para esperá-lo.

O desfecho da história, no Q14, mostra a cena em que Leonardo está chantageando Vidigal, e este não tem saída senão concordar em dar a baixa para o jovem soldado. Deste modo, o ato heróico, previamente arranjado, é encenado por Leonardo, que não só consegue sua liberdade mas também uma promoção para sargento de milícias, podendo, então, casar-se com Luisinha (Q15).

Nas últimas cenas aparece uma menina, filha de Leonardo com outra mulher. Esse fato revela o caráter mulherengo de Leonardo, aspecto semelhante ao da televisão. No texto literário, tanto o pai quanto o filho não conseguem resistir aos encantos das mulheres, mas seus envolvimentos não resultam na formação de vários núcleos familiares.

### 3.3. Códigos utilizados

Para estabelecermos as diferenças quanto aos códigos utilizados para a construção do texto, destacaremos dois trechos: o episódio da queima dos fogos de artifício e o episódio do "arranjo".

Antes de iniciar a análise, é preciso considerar que os meios em que foram veiculados esses três textos são diferentes; portanto, a construção da mesma cena seguirá diferentes princípios.

No texto literário, o episódio da queima de fogos é relatado no capítulo XX, "O fogo no campo", tomo I, no dia da festa do Divino, quando todos vão para o campo assistir à queima de fogos de artifício.

> (...) era o fogo que começava. Luisinha estremeceu, ergueu a cabeça, e pela primeira vez deixou ouvir sua voz, exclamando extasiada ao ver cair as lágrimas do foguete que aclaravam todo o Campo:
> — Olhe, olhe, olhe!...
> (...)
> Aos foguetes seguiram-se, como sabem os leitores, as rodas. Nessa ocasião o êxtase da menina passou a frenesi; aplaudia com entusiasmo, erguia o pescoço por cima das cabeças da multidão, tinha desejos de ter duas ou três varas de comprido para ver tudo a seu gosto. Sem saber como, unia-se a Leonardo, firmava-se com as mãos sobre os ombros para se poder sustentar mais tempo nas pontas dos pés, falava-lhe e comunicava-lhe a sua admiração! O contentamento acabou por familiarizá-la completamente com ele. Quando se atacou a lua, a sua admiração foi tão grande que, querendo firmar-se nos ombros de Leonardo, deu-lhe quase um abraço pelas costas. O Leonardo estremeceu por dentro, e pediu ao céu que a lua fosse eterna; virando o rosto, viu sobre seus ombros aquela cabeça de menina iluminada pelo clarão pálido do misto que ardia, e ficou também por sua vez extasiado; pareceu-lhe então o rosto mais lindo que jamais vira, e admirou-se profundamente de que tivesse podido alguma vez rir-se dela e achá-la feia.
> Acabado o fogo, tudo se pôs em andamento, levantaram-se as esteiras, espalhou-se o povo (pp. 90, 91).

No livro, o espetáculo da queima de fogos de artifício serve de pano de fundo para a aproximação entre Luisinha e Leonardo. Ele está fascinado por Luisinha, que se mantém indiferente porque está admirada ao ver os fogos. Embora não exista uma aproximação intencional, o fato é que a partir desse momento a relação dos dois se modifica.

No teatro foi utilizado outro código para representar esse mesmo episódio. No Q11, Ato I, não há diálogos nem atores em cena, há somente um jogo de luzes indicando o evento.

*Quadro 11 — campo*
*(Espoucar de fogos. A cena iluminada pelos fogos. Blecaute) (p. 65).*

O encontro do casal se realiza durante a festa do Divino, na obra original, e não acontece da mesma forma no texto teatral, como podemos perceber.

Na verdade, ocorre um deslocamento temporal na medida em que esse encontro se realiza antes da queima de fogos, isto é, no Q7, Ato I, pp. 45-48.

Já na adaptação a equivalência com o texto literário é um pouco maior, embora utilizem códigos diferentes.

*Seqüência 5 — na cidade*
*Todos saem em procissão, som de vento, o barulho das pessoas desaparece e ouve-se a música-tema. Leonardo vai ao encontro de Luisinha no meio da praça, ao fundo estouram os fogos de artifício.*
*Leonardo: Luisa.*
*Luisa: Leonardo, você continua igual.*
*Leonardo: Você acha, faz tanto tempo.*
*Luisa: Claro que você... você cresceu, mas no resto está igual.*
*Leonardo: Você mudou muito.*
*Luisa: É... faz muito tempo.*
*Leonardo: Você está mais...*
*Luisa: Mais?*
*Leonardo: Maior.*
*Luisa: Maior?*
*Leonardo: É, você cresceu, é isso.*
*Luisa: É...*
*Leonardo: Está mais bonita.*
*Luisa: Você acha?*
*Leonardo: Você está bem mais bonita. Mas você era...*
*Luisa: Eu era?*
*Leonardo: Não que você fosse feia.*
*Luisa: Era sim. Era muito gordinha, dentuça.*
*Leonardo: Está linda.*

*Os dois se aproximam para se beijar mas o barulho da procissão os desperta.*
*Luisa: A virgem!*
*Os dois de mãos dadas seguem a procissão que passa por eles.*

A seqüência foi montada tendo 35 cortes[7]. A imagem em *cp* atribui a Luisinha um aspecto de superioridade (Fotograma 23), mas diferente de Vidigal porque ela está fantasiada de anjo. Logo, está mais próxima da idéia de pureza, de ingenuidade e inocência.

Luisinha observa os fogos quando vê Leonardo.

Fotograma 23 — Luisinha vestida de anjo

Os efeitos de iluminação são explorados desde o início. Martin atribui à iluminação a função de criar a atmosfera desejada para as cenas e dar profundidade para as imagens. A marca temporal dessa seqüência é transmitida pela luz natural[8]. Quando Leonardo toma conhecimento da chegada de Luisinha, o sol brilha forte; a procissão tem início durante o dia e termina ao entardecer, quando o jovem casal é isolado do resto das pessoas (ver cena da procissão — Fotograma 9);

---

7. O registro de cortes foi tirado a partir de observações pessoais.

8. Martin afirma que, embora as cenas externas possam contar com uma luz natural, é sempre mais indicada a utilização de projetores ou espelhos refletores para dar maior ênfase na iluminação. Algumas vezes é possível que o diretor aguarde o melhor momento para as filmagens, mesmo assim é difícil dispensar o aparato técnico.

no momento em que Leonardo conversa com Luisinha já é noite e começa a queima de fogos. Cria-se uma atmosfera mágica.

Percebemos alguns gestos através da silhueta do corpo dos dois. Na medida em que Leonardo vai se aproximando de Luisinha, a câmera faz o mesmo movimento até focalizar somente o rosto dos atores.

A imagem de Leonardo e Luisinha, em *close* com a técnica do campo-contra-campo[9], provoca uma mudança de perspectiva, ora com um ora com o outro, dando-nos a dimensão dos sentimentos de ambos. Os cortes coincidem com as falas dos personagens. O tom de voz, nesta cena, é mais sussurrado e a fala mais pausada, cheia de reticências.

A música-paráfrase[10] dá o tom emocional da cena. Ela nos prepara para o encontro ao ser introduzida no final da procissão. A música suave acompanha os movimentos em câmera lenta, atribuindo outro caráter temporal; o momento mágico cria uma aura em torno do casal, transportando-os para outra dimensão no espaço/tempo.

A iluminação prepara o clima romântico.

Fotograma 24 — Luisinha e Leonardo

---

9. A técnica consiste em focalizar a imagem de cada personagem de acordo com o diálogo desenvolvido entre eles.

10. É chamada de música-paráfrase porque a linha melódica coincide com a linha dramática visual. Segundo Martin, trata-se de um pleonasmo na medida em que reforça as imagens.

A aproximação da câmera aumenta a dramaticidade do momento.

Fotograma 25 — Luisinha

Leonardo se encanta com a imagem de Luisinha.

Fotograma 26 — Leonardo

No detalhe, o beijo interrompido pelo som da procissão.

Fotograma 27 — Leonardo e Luisinha

Na televisão, Luisinha não está preocupada com os fogos, como no texto literário, sua admiração está voltada para Leonardo. Existe, nesse sentido, uma reciprocidade, fato que fica evidente se observarmos a direção do olhar dos dois.

O olhar — subjetivo porque não há texto verbal — deixa transparecer os sentimentos dos personagens. Luisinha olha para baixo algumas vezes, como um gesto de timidez, e Leonardo, apesar da expressão mais firme, mostra-se transtornado ao passar a mão na testa.

Todos os elementos da encenação são articulados para dar o tom romântico da cena, mas também mostram desconcerto e perplexidade entre os dois diante de seus sentimentos.

Se verificamos uma equivalência entre o texto literário e a adaptação nesse episódio, o mesmo não acontece quando analisamos o episódio do "arranjo", cuja equivalência se dá entre o texto teatral e a adaptação.

Em primeiro lugar, a própria essência do "arranjo" no texto literário é diferente. No romance há a necessidade de um pretexto para a soltura e a promoção de Leonardo (cap. XXV, tomo II), portanto Vidigal, no texto literário, tem mais autonomia para resolver o problema, do que na peça teatral e na adaptação.

No teatro, temos o seguinte episódio:

*Q15 — bosque*
*(Luisinha e José Manuel passeiam no bosque. Ele faz carinhos que ela aceita com relutância. Súbito seis selvagens os rodeiam e atacam com gritos de índios americanos.)*
*Luisinha: Meu Deus, que horror! José Manuel, me salva!*
*José Manuel: Ai, ai, ai. (Cai no chão, duro. Os atacantes seguram Luisinha e a vão arrastando. Toques de clarim da cavalaria de General Custer. Surge Leonardo sozinho.)*
*Leonardo: Parem, sacripantas! Ides pagar caro o vosso atrevimento. (Vai distribuindo estocadas. A cada uma, um homem cai.)*
*Luisinha: (Abraçando-o.) Oh, meu amor, o que seria de mim se você não aparecesse? (Novo toque de clarim. Surge Vidigal e soldados.)*
*Vidigal: Cerquem tudo. O bosque todo. Talvez haja mais alguns escondidos. (Dirige-se a Leonardo.) Soldado Leonardo Pataca, cumprimento-o pelo feito notável e vou recomendá-lo imediatamente à sua majestade, com quem, aliás, tenho um encontro agora mesmo. (Olha o pulso. Vai saindo, dando pontapés nos atacantes que se levantam sem*

*nenhum constrangimento e são levados pelos soldados. Ficam só Luisinha e Leonardo.)*
Leonardo: *Luisinha, como sargento de milícias eu já posso casar e até sustentar uma família. Você ouve a marcha nupcial? (Acordes.)*
Luisinha: *Ah, meu amor, sou tão feliz. Tudo vai depender agora de titia.*
Leonardo: *Pode deixar, meu bem, ela não vai mais se opor. (Beijam-se. Logo Leonardo dá um pontapé em José Manuel.) Vamos, levanta, seu! (Outro pontapé.) Levanta! (Se agacha, verifica o corpo. Com a boca aberta diz.) Ué, ele morreu mesmo! (Pega um cartaz com os dizeres: "Descansa em paz" e coloca no corpo. Luisinha começa a chorar fingidamente. Música fúnebre. Desce um telão representando um cemitério. Vai passando o cortejo fúnebre acompanhando a marcha. Todos de capa preta. O corpo de José Manuel numa rede, aos poucos a música vai mudando para marcha nupcial em ritmo moderno. Todos viram as capas e o cortejo se transforma num bando alegre que dança freneticamente até que formam alas. Surge Luisinha de véu e grinalda, de braço com Leonardo já com farda de sargento de milícias. Surge também, surpreendentemente, o Padrinho e Dona Maria, Toma-Largura e a mulher e, como surpresa final, Vidigal e a Vizinha. Gritos, risos, alegria quando a marcha nupcial pára.) (pp. 145-147).*

E no texto televisivo:

*Seqüência 31 — na parte superior da cidade*
*(José Manuel e Luisinha são atacados por negros e Leonardo pula com uma corda em cima dos homens.)*
Leonardo: *Sai, sacripantas. Ides pagar caro vosso atrevimento.*
Luisinha: *Oh, meu amor, o que seria de mim se você não aparecesse.*
*(Entram Vidigal e seus soldados.)*
Vidigal: *Prendam esses homens, prendam. (Gritando.) Toca. Soldado Leonardo Pataca, vou recomendá-lo à vossa majestade para que seja promovido ao posto de sargento.*
*(Leonardo abaixa-se e quando levanta já está fardado.)*
Leonardo: *D. Maria, agora como sargento de milícias já posso casar e até sustentar uma família. Peço a mão de sua sobrinha em casamento.*
D. Maria: *Concedido.*
*(Luisinha aparece e começa a tocar a marcha nupcial, e todos estão alegres e passam na frente da câmera.)*

Os movimentos de câmera foram basicamente panorâmicos, intercalados com o *travelling*, em movimentos laterais, de avanço e de recuo, simulando uma representação teatral, que funciona como uma referência à peça de Millôr Fernandes.

O local de gravação também é uma referência ao teatro. A cena foi gravada numa parte superior da fortaleza, como se fosse um palco, tendo como platéia as pessoas da cidade e os telespectadores, como já destacamos no capítulo 2.

A comicidade das cenas é atribuída ao tom debochado com que é montada a movimentação coreográfica do balé ao som de uma música clássica.

Os primeiros a entrar são José Manuel, Luisinha, D. Maria e o escravo. José Manuel, fazendo *port-des-bras* (movimentos do braço), aproveita para dar um "tchauzinho" para o público.

Luisinha, D. Maria e José Manuel, em PM, durante a simulação do assalto.

Fotograma 28 – O assalto

Num passo de balé clássico, José Manuel sai de cena.

Fotograma 29 – José Manuel

Os assaltantes carregam Luisinha e José Manuel, em *jeté* (salto para frente do balé), vai em direção ao outro lado do "palco".

Enquanto D. Maria deixa o cenário, Leonardo entra pendurado em uma corda e com um gesto heróico cai sobre os assaltantes, parodiando cenas de filme de *western*. Luisinha salta nos braços de Leonardo e o falecido Padrinho, vestido de anjo, joga pétalas de rosas.

A coreografia termina quando Vidigal entra em cena. Os gestos do major são largos e seu tom de voz é exagerado, assim como o tom de voz de Leonardo.

A troca dos trajes dos atores mostra a evolução dos acontecimentos. Leonardo se abaixa, economicamente a cena é cortada, e quando ele se levanta já está com o uniforme oficial.

Vidigal, solenemente e com voz exagerada, promove Leonardo a sargento de milícias.

Fotograma 30 – Promoção de Leonardo

Os acontecimentos se precipitam. Leonardo pede a mão de Luisinha para D. Maria. Ao som dos primeiros acordes da marcha nupcial, Luisinha aparece vestida de noiva.

Luisinha e Leonardo já podem se casar.

Fotograma 31 – Casamento

Na passagem do livro para a TV, verificamos a estreita relação entre a obra original e a adaptação. Os episódios que foram mantidos garantem essa correspondência, assim como o personagem Leonardo, que possui as mesmas características em todos os textos, isto é, representa a construção do "estereótipo do brasileiro", como veremos no capítulo 4.

# 4
# Trajetória dos personagens

## 4.1. Importância dos personagens no processo de adaptação

Em *Vidigal* foi mantido o conflito amoroso entre Luisinha e Leonardo. Muitos episódios foram excluídos na passagem da obra original para o texto teatral, em função da escolha do núcleo dramático, por isso não chegaram até o texto televisivo. Alguns acontecimentos, no entanto, foram resgatados na televisão por meio da fusão de personagens, como veremos adiante.

Além do projeto de condensação da narrativa, o texto teatral também forneceu boa parte dos diálogos. Nessa passagem, o narrador desaparece dando ao personagem a tarefa de conduzir a ação. A complexidade do texto adaptado está justamente no projeto de construção, ou melhor, de reconfiguração dos personagens.

Antonio Candido, quando analisa o personagem do romance, destaca a importância da relação personagem/enredo, pois "o enredo existe através das personagens; as personagens vivem no enredo"[1]. Segundo o autor, a verossimilhança

---

1. Candido, Antonio. A personagem do romance. *In:* Candido, Antonio *et alii*. *A personagem de ficção*. 9. ed. São Paulo: Perspectiva, 1992, p. 53.

depende da coerência na construção do personagem, isto é, são contornos escolhidos pelo escritor, a partir da relação entre o ser vivo e o ser fictício, que irão configurar a maneira de ser do personagem.

Em *Vidigal*, os personagens, inseridos em outra estrutura também coerente, ganham nova lógica. Há uma relação indissociável entre personagem/enredo, tal como no romance. A reconfiguração dos personagens determina as conjunções e disjunções, ou seja, as características que foram mantidas e aquelas adquiridas no processo de adaptação contribuem para a reorganização da narrativa, afastando ou aproximando da obra original.

Para Marcos Rey, o personagem tem papel fundamental na elaboração do roteiro para TV ou cinema. A relação com o público muitas vezes depende de uma concepção coerente dos personagens, pois eles são "o grande elo entre o autor e o público"[2]. O grau de identificação poderá determinar o sucesso ou fracasso do roteiro.

Na TV e no cinema, o personagem não é só construído por palavras, é também imagem. Nesse sentido, Comparato nos esclarece que a composição do elenco deve considerar dois aspectos, isto é, a adequação do ator para o papel e a "visão de conjunto". Espera-se uma certa empatia entre ator e personagem, e os atores devem combinar entre si, possibilitando a criação do clima desejado para o roteiro.

A escolha da atriz Berta Loran, conhecida por sua participação em programas humorísticos, revelou-se adequada para o clima cômico do programa. Francisco Cuoco, embora carregue a marca de galã global, tem desempenhado papéis que fogem ao estereótipo do mocinho, do pai de família, do homem de negócios. Louise Cardoso é também uma atriz consagrada. O jovem ator Murilo Benício já havia participado de outras novelas, sobretudo no horário das 19 horas, tornando-

---

2. Rey, Marcos. *O roteirista profissional: TV e cinema*. São Paulo: Ática, 1989, p. 27.

se popular. Durante a vinheta de apresentação é destacado o nome de Mariana Oliveira, atriz pouco conhecida.

Mas o programa não depende somente do bom desempenho do ator. A gênese do personagem é fundamental para convencer o telespectador da noção de "realidade".

Verificaremos a trajetória daqueles personagens que são decisivos para a escolha dos elementos conjuntivos e disjuntivos. Por isso, serão destacados os personagens que integram a cadeia de desejos, ou seja, os dois triângulos amorosos (Leonardo, Vidigal, Vidinha, Luisinha e José Manuel).

**4.2. Leonardo (esquema 1)**

A transposição do personagem Leonardo é complexa, visto ocorrer uma fusão entre pai e filho, com predominância do último. No texto teatral e no televisivo, o pai empresta o apelido "Pataca" para o filho; no teatro, o Padrinho — Manuel Gonzaga Pataca — herda o apelido e a relação paternal.

Destaque para Leonardo momentos antes de encontrar Luisinha; contraposição da imagem do anjo ao fundo.

Fotograma 32 — Leonardo

A imagem física de Leonardo é marcada por uma pinta no canto direito do queixo. Quando nascem seus filhos, todos possuem essa marca registrada. Tem-se o início da linhagem dos "Leonardos" (ver Fotograma 16).

O romance entre Leonardo-Pataca e Maria das Hortaliças é excluído, por isso Leonardo perde os dados circunstanciais que resultaram no seu nascimento, isto é, o episódio do namoro de seus pais ainda no navio. Na adaptação, quando conhecemos Leonardo, ele já é um rapaz; os episódios vividos por ele em sua juventude são semelhantes no texto literário e no texto teatral; ele se caracteriza por ser um "vadio-tipo" e mulherengo (ver Fotograma 13), um traquinas.

Uma das traquinagens de Leonardo: estragar o cabelo de Toma-Largura.

Fotograma 33 — Leonardo e Toma-Largura

Na televisão, a relação com Vidinha já existia antes do início do romance com Luisinha. O rompimento com Luisinha se dá apenas com uma mentira de Vidinha sem que a causa direta seja José Manuel. Nesse sentido, não há uma disputa efetiva pelo amor de Luisinha. A rivalidade entre Leonardo e José Manuel está mais relacionada com a posição social e a conduta moral.

A solução do problema amoroso se dá de uma forma bem econômica. A trama da Comadre serve tanto para desmoralizar José Manuel quanto desmentir Vidinha, reabilitando a imagem de Leonardo diante de Luisinha.

O episódio de José Manuel com Vidinha, na TV, não passa pelo teatro. É no texto literário que encontramos essa situação, mas ela é vivida pelo padre e pela cigana. Ocorre, portanto, um deslocamento de personagens, que só é possível porque há uma fusão do pai com o filho. Toda a trama contra o padre, no romance, foi provocada por Leonardo-Pataca; assim a trajetória do padre é deslocada para José Manuel, na TV.

No texto literário, o casamento de Luisinha e José Manuel é um obstáculo para o amor de Leonardo. Não há uma interferência direta do jovem para a solução desse problema pois o rival morre, deixando Luisinha livre para consolidar o romance sem nenhum prejuízo moral. Na televisão, esse problema não ocorre porque Luisinha se encarrega de retardar o acontecimento ao cortar o vestido de noiva, dando tempo para Leonardo impedir a realização de seu casamento com José Manuel.

Parte do percurso de Leonardo, como as intrigas dos parentes de Vidinha, presentes no texto literário e no teatral, é eliminada.

A morte do Padrinho, que no texto literário se transforma num transtorno para Leonardo, na adaptação contribui para o retorno do personagem à sua casa e para o encontro com Vidinha para iniciar o "arranjo".

A morte do Padrinho traz Leonardo de volta para casa.

Fotograma 34 — Enterro do padrinho

As imagens em PM permitem ao telespectador compartilhar com o forte clima de comoção da cena. Não há um tratamento cômico, Leonardo chora a morte do Padrinho. Este acontecimento desencadeia uma série de ações, iniciando com a conversa entre Vidinha e Leonardo e culminando no final feliz.

Leonardo, em PA, conversa com Vidinha.

Fotograma 35 — Leonardo

Para que o telespectador tome conhecimento dos sentimentos que movem os personagens, é preciso que eles nos digam através do diálogo. Leonardo (Fotograma 35) conversa com Vidinha; o foco durante quase todo o diálogo está voltado para Leonardo, transformando aquele que vê (tanto o telespectador quanto Vidinha), em mero espectador. Esse ponto de vista vai se tornando mais subjetivo nas seqüências seguintes quando acompanhamos Leonardo caminhando em direção à cigana.

Essas cenas mostram a intensidade do amor de Leonardo por Luisinha, pois ele está disposto a fazer qualquer coisa para poder se casar com a jovem, assim como Vidinha também é capaz de tudo pelo amor de Leonardo; o amor é, portanto, o sentimento que move os personagens.

Ocorre uma equivalência entre o epílogo do texto teatral e da adaptação. No teatro, entra em cena uma criança, fruto de uma relação extraconjugal de Leonardo. A leitura desse fato é feita a partir da cor do cabelo e da pele da criança. Na televisão, esse detalhe é revelado através da cor da pele das crianças e principalmente pela marca de nascença, como já foi referido (ver Fotograma 16). Não encontramos este episódio na obra original.

Nos três textos, o personagem Leonardo apresenta o mesmo perfil, ou seja, o de malandro, estereótipo do brasileiro, daquele que transita entre a ordem e a desordem. Trata-se da estirpe dos "Leonardos", representantes de um dado coletivo.

É o tipo bem brasileiro que resolve os problemas através do "jeitinho" (ou "arranjo"), atitude institucionalizada na sociedade e considerada positiva quando se trata de um "favor" para estabelecer uma igualdade; mas torna-se negativa quando leva à corrupção.

Leonardo se vale de um "jeitinho" para transgredir as leis e eliminar a hierarquia que o separa de Vidigal, promovendo uma "igualdade" momentânea, necessária para atingir seus objetivos.

É preciso ressaltar também que no texto literário não há referência à infidelidade de Leonardo, ao contrário do que acontece nos outros textos. No teatro e na TV, Leonardo mantém as relações amorosas anteriores ao casamento com Luisinha, conduta moral hipocritamente aceita pela sociedade.

**4.3. Vidigal (esquema 2)**

Todos os episódios em que esse personagem aparece mostram o seu poder sobre a cidade e o temor dos habitantes, nos três textos. Vidigal não perde, portanto, sua característica principal, isto é, a de ser um homem poderoso, severo e representante da ordem.

No início do programa, as imagens de Vidigal são em *cp* para indicar seu poder.

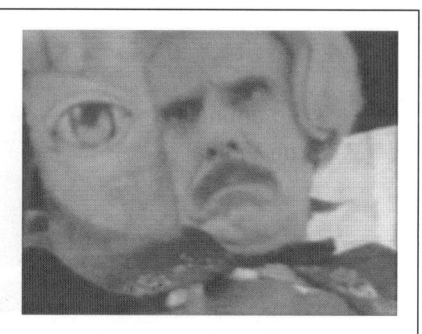

Fotograma 36 — Vidigal

A imagem em *cp*, a presença do terceiro olho e a carta "A justiça" são índices de sua autoridade. O ângulo de filmagem eleva o personagem, deixando o telespectador numa posição inferior; o terceiro olho é o da sabedoria e da razão; e a carta, que representa a justiça (Fotograma 37), é levada pelo vento até os pés de Vidigal.

Detalhe da carta, mais um elemento caracterizador do personagem Vidigal.

Fotograma 37 — A justiça

No texto televisivo, ironicamente ele é anunciado por um papagaio (Fotograma 38), dando um caráter paradoxal à sua entrada triunfal, pois as imagens foram produzidas em *cp* (Fotograma 39); o tom de deboche contraria a posição que o major Vidigal ocupa na cidade, ou seja, a de manter a ordem.

O papagaio anuncia a chegada de Vidigal.

Fotograma 38 — Papagaio

Outra imagem de Vidigal em *cp*.

Fotograma 39 — Vidigal

Na passagem da obra original para o texto teatral, Vidigal é mais malicioso, principalmente diante das mulheres, como podemos perceber na cena em que ele olha para o decote da Vizinha (Fotograma 8). Além disso, a própria relação com Vidinha constitui um fato fora dos padrões morais (TV), assim como o amor secreto por D. Maria (teatro), que não é assumido publicamente.

No texto literário, a sua relação com Maria-Regalada é aceita dentro daquela sociedade, fato que nos é dito nos primeiros capítulos sobre uniões sem a bênção religiosa, como era caso de Leonardo-Pataca e Maria.

O deslocamento do objeto amoroso de Vidigal irá provocar uma mudança na realização do "arranjo". Com Maria-Regalada não há necessidade de um pretexto para libertar Leonardo, pois Vidigal tem controle absoluto sobre o destino do jovem. Em troca, Maria-Regalada concorda em manter uma relação estável, inclusive morando juntos. A baixa e a promoção de Leonardo também são concedidas após o pedido dela.

No texto teatral, o amor de Vidigal por D. Maria é revelado somente nas últimas cenas e não há uma interferência direta de D. Maria para a efetivação do "arranjo". No final da peça, porém, aparecem surpreendentemente D. Maria com o Padrinho e Vidigal com a Vizinha.

Vidigal cede à chantagem de Leonardo para proteger seu segredo e juntos elaboram um pretexto para a concessão e promoção do jovem. Logo, Vidigal não tem o poder absoluto sobre as decisões que envolvem a sua guarda, embora sua patente seja mais elevada — coronel — do que nos outros textos.

Na peça teatral, tanto a mudança da patente de Vidigal quanto o título constituem aspectos importantes para a análise porque dão outra dimensão para esse personagem, principalmente se considerarmos a época em que foi encenada, em plena ditadura militar.

Na televisão, o major Vidigal carrega um pouco de cada um dos personagens anteriores, do teatro e do romance, seja no que diz respeito às suas características, seja na sua trajetória, seja na essência de suas atitudes, como notamos pelo esquema 2.

Podemos dizer que o amor por Vidinha é equivalente ao amor/desejo por Maria-Regalada, embora não tenha a mesma reciprocidade. Na TV, diferente dos outros textos, acompanhamos alguns episódios em que o major quer satisfazer seus desejos pela cigana, ainda que tenha que transgredir as leis.

Assim, Vidigal aceita o suborno de Leonardo em troca dos "serviços" de Vidinha, o que não significa ter uma relação estável, como no texto literário. Também na televisão, o major precisa de um pretexto para autorizar a baixa e a promoção de Leonardo, revelando que seu poder não é absoluto.

A verdadeira natureza de Vidigal vai se revelando no decorrer do programa. A imagem inicial, de austeridade, de defensor dos valores morais, vai sendo substituída pela imagem de um personagem que transita entre a ordem e a desordem. Ele está do lado da ordem, como vemos nas primeiras cenas, e possui uma patente militar; mas também transita do lado da desordem porque se deixa corromper para obter os "serviços" de Vidinha.

### 4.4. Vidinha (esquema 3)

A Vidinha da TV é resultado da fusão de personagens. Nela encontramos aspectos de personagens do texto literário como Vidinha, Cigana, o caboclo da sorte, e Maria-Regalada.

No teatro, Vidinha vive as intrigas dos ciúmes dos primos, assim como na obra original. Esse fato, no entanto, não está no texto televisivo.

A trajetória de Vidinha sofre uma simplificação e um deslocamento nas duas passagens. No teatro, ela continua sendo o motivo para as intrigas dos primos, mas não vive o flerte com Toma-Largura. Quando chega na televisão, os primos são excluídos da narrativa e ela também não vive o flerte com Toma-Largura, mas seu romance com Leonardo se inicia antes do romance entre ele e Luisinha. Ela desperta o desejo do major Vidigal, fato que não encontramos nos textos anteriores.

Vidinha seduz Vidigal enquanto Leonardo foge.

Fotograma 40 – Vidinha e Vidigal

Podemos dizer que, na televisão, a personagem ganha, da mulata Vidinha, o nome e o romance com Leonardo; da Cigana, vive a trama que desmoraliza o padre; do caboclo da sorte, os elementos esotéricos (cartas e quiromancia); e, de Maria-Regalada, ela herdou a condição de objeto do desejo de Vidigal.

### 4.5. Luisinha (esquema 4)

Luisinha vem morar no Rio de Janeiro com a tia, D. Maria que, por ser sua tutora, preocupa-se em arranjar-lhe um bom casamento.

A união entre Luisinha e José Manuel só acontece no texto literário. A solução encontrada para esse empecilho foi deixá-la viúva e livre para uma nova união, sem qualquer dano moral.

Porém, se de um lado são excluídos alguns acontecimentos do texto literário, de outro acrescentam-se novas situações nos outros textos, como o episódio do "arranjo" em que ela é o motivo do ato de bravura de Leonardo.

A personagem não sofre condensações nem fusões, como podemos perceber no esquema 4. O processo de transposição foi mais linear do que nos outros personagens, visto que as características de Luisinha permaneceram praticamente inalteradas, mudando apenas o grau de iniciativa em relação aos acontecimentos. Ela é mais ousada no texto teatral, pois entra em confronto com Vidinha e, na TV, ela se encontra furtivamente com Leonardo e tenta, em vão, retardar o casamento com José Manuel.

### 4.6. José Manuel (esquema 5)

Nos três textos, José Manuel é o rival de Leonardo. Na obra original, José Manuel é um personagem mais masculino, esperto e experiente. No teatro, embora seja dito que ele é efeminado, ele não deixa de ser esperto, pois também descobre as calúnias contadas pela Comadre e pede ajuda para o cego, que corresponde ao mestre-de-reza no texto literário. Na adaptação, ele é uma figura caricata, de forte sotaque português, inexperiente com as mulheres e modos efeminados; só descobre que caíra numa armadilha depois do fato consumado.

A imagem de José Manuel, no início do programa, é de altivez pela sua origem nobre.

Fotograma 41 — José Manuel

A entrada de José Manuel no programa apresenta um português de boa estirpe, mas carrega em seu nome um dado irônico: José Manuel de Alcântara Sozinho — trazido da peça de Millôr. O sobrenome "Alcântara" é uma alusão à família imperial, mas "Sozinho" apresenta uma inversão, já que não traz nenhuma referência a seus ancestrais, como era costume.

José Manuel, na visão de D. Maria, é um bom partido para Luisinha.

Fotograma 42 — Luisinha e José Manuel

Não se trata de um personagem negativo, como apontado por Walnice Nogueira Galvão sobre o personagem no romance. Mas também não podemos considerá-lo um personagem íntegro, pois ele antagoniza com Leonardo pela sua conduta sexual, já que permanece virgem, e não apresenta uma imagem masculina, devido ao seu jeito efeminado.

José Manuel não possui a mesma malícia do personagem do romance, por isso sofre com a trama da Comadre, do Padrinho e de Leonardo.

José Manuel é ridicularizado ao ser preso na casa de Vidinha.

Fotograma 43 — José Manuel

É preso e exposto publicamente ao ridículo quando é arrastado pelos soldados ao som do riso das pessoas da cidade.

Passa por humilhações no caminho para a prisão.

Fotograma 44 — Prisão de José Manuel

O destino de José Manuel também traz algumas diferenças. No texto literário, José Manuel morre subitamente sem a intervenção de outras pessoas. No texto teatral, sua morte é semelhante, mas ocorre no momento do assalto, por isso podemos dizer que houve participação de Leonardo, ainda que não tenha sido intencional. No texto televisivo, ele foge do assalto e não temos mais informações sobre o seu destino.

José Manuel representa o bobo, aquele que é enganado, pois a origem portuguesa não permite se livrar dos acontecimentos constrangedores, isto é, por não ser capaz de dar um "jeitinho" com a mesma criatividade que Leonardo.

# Esquema 1

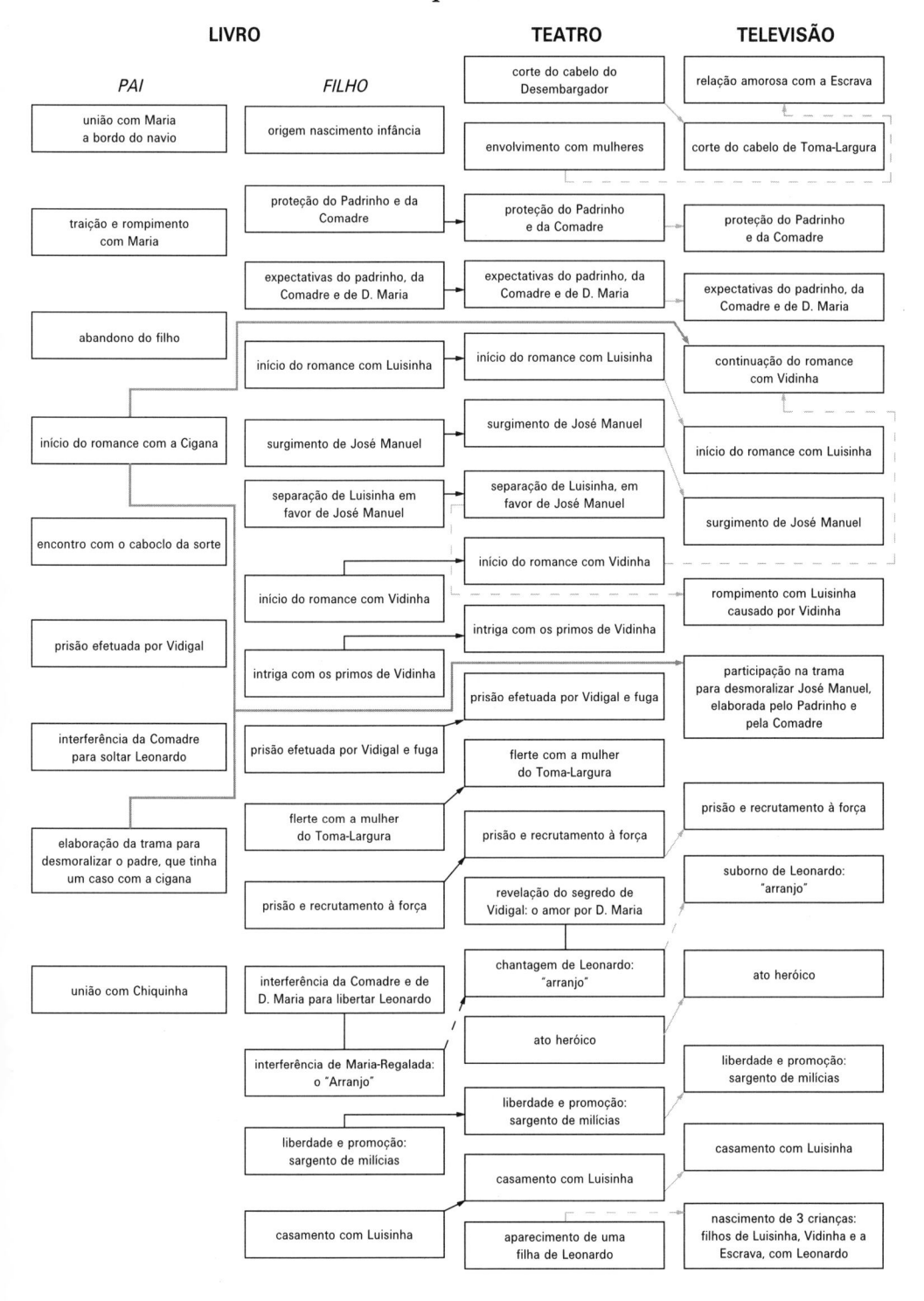

| LIVRO | | TEATRO | TELEVISÃO |
|---|---|---|---|
| *PAI* | *FILHO* | | |
| | | corte do cabelo do Desembargador | relação amorosa com a Escrava |
| união com Maria a bordo do navio | origem nascimento infância | | |
| | | envolvimento com mulheres | corte do cabelo de Toma-Largura |
| | proteção do Padrinho e da Comadre | proteção do Padrinho e da Comadre | proteção do Padrinho e da Comadre |
| traição e rompimento com Maria | | | |
| | expectativas do padrinho, da Comadre e de D. Maria | expectativas do padrinho, da Comadre e de D. Maria | expectativas do padrinho, da Comadre e de D. Maria |
| abandono do filho | | | |
| | início do romance com Luisinha | início do romance com Luisinha | continuação do romance com Vidinha |
| | | surgimento de José Manuel | |
| início do romance com a Cigana | surgimento de José Manuel | | início do romance com Luisinha |
| | separação de Luisinha em favor de José Manuel | separação de Luisinha, em favor de José Manuel | |
| encontro com o caboclo da sorte | | | surgimento de José Manuel |
| | | início do romance com Vidinha | |
| | início do romance com Vidinha | | rompimento com Luisinha causado por Vidinha |
| prisão efetuada por Vidigal | | intriga com os primos de Vidinha | |
| | intriga com os primos de Vidinha | | participação na trama para desmoralizar José Manuel, elaborada pelo Padrinho e pela Comadre |
| | | prisão efetuada por Vidigal e fuga | |
| interferência da Comadre para soltar Leonardo | prisão efetuada por Vidigal e fuga | flerte com a mulher do Toma-Largura | |
| | | | prisão e recrutamento à força |
| | flerte com a mulher do Toma-Largura | prisão e recrutamento à força | |
| elaboração da trama para desmoralizar o padre, que tinha um caso com a cigana | | | suborno de Leonardo: "arranjo" |
| | prisão e recrutamento à força | revelação do segredo de Vidigal: o amor por D. Maria | |
| | | chantagem de Leonardo: "arranjo" | ato heróico |
| união com Chiquinha | interferência da Comadre e de D. Maria para libertar Leonardo | | |
| | | ato heróico | |
| | interferência de Maria-Regalada: o "Arranjo" | | liberdade e promoção: sargento de milícias |
| | | liberdade e promoção: sargento de milícias | |
| | liberdade e promoção: sargento de milícias | | casamento com Luisinha |
| | | casamento com Luisinha | |
| | casamento com Luisinha | aparecimento de uma filha de Leonardo | nascimento de 3 crianças: filhos de Luisinha, Vidinha e a Escrava, com Leonardo |

## Esquema 2

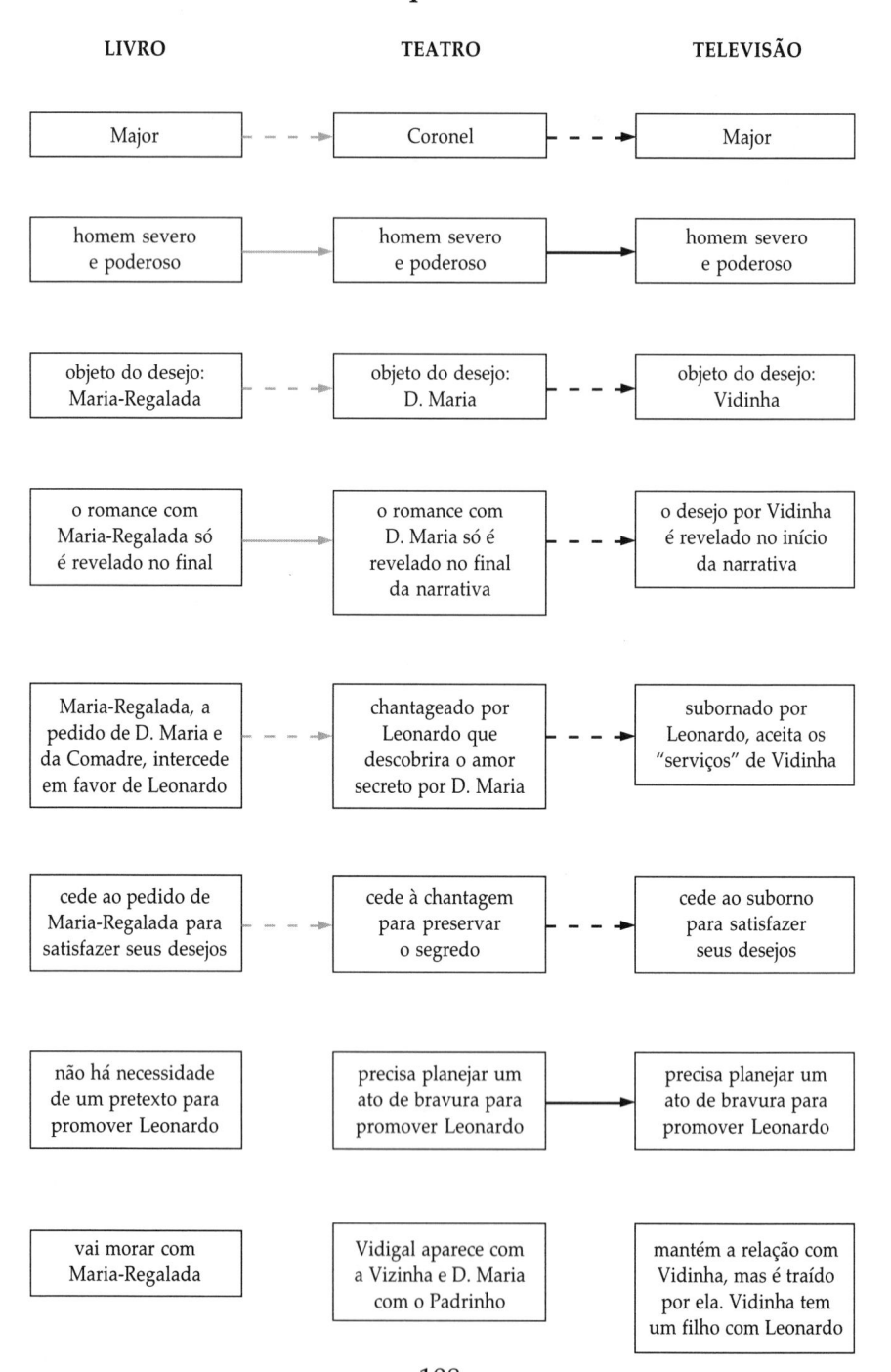

| LIVRO | TEATRO | TELEVISÃO |
|---|---|---|
| Major | Coronel | Major |
| homem severo e poderoso | homem severo e poderoso | homem severo e poderoso |
| objeto do desejo: Maria-Regalada | objeto do desejo: D. Maria | objeto do desejo: Vidinha |
| o romance com Maria-Regalada só é revelado no final | o romance com D. Maria só é revelado no final da narrativa | o desejo por Vidinha é revelado no início da narrativa |
| Maria-Regalada, a pedido de D. Maria e da Comadre, intercede em favor de Leonardo | chantageado por Leonardo que descobrira o amor secreto por D. Maria | subornado por Leonardo, aceita os "serviços" de Vidinha |
| cede ao pedido de Maria-Regalada para satisfazer seus desejos | cede à chantagem para preservar o segredo | cede ao suborno para satisfazer seus desejos |
| não há necessidade de um pretexto para promover Leonardo | precisa planejar um ato de bravura para promover Leonardo | precisa planejar um ato de bravura para promover Leonardo |
| vai morar com Maria-Regalada | Vidigal aparece com a Vizinha e D. Maria com o Padrinho | mantém a relação com Vidinha, mas é traído por ela. Vidinha tem um filho com Leonardo |

## Esquema 3

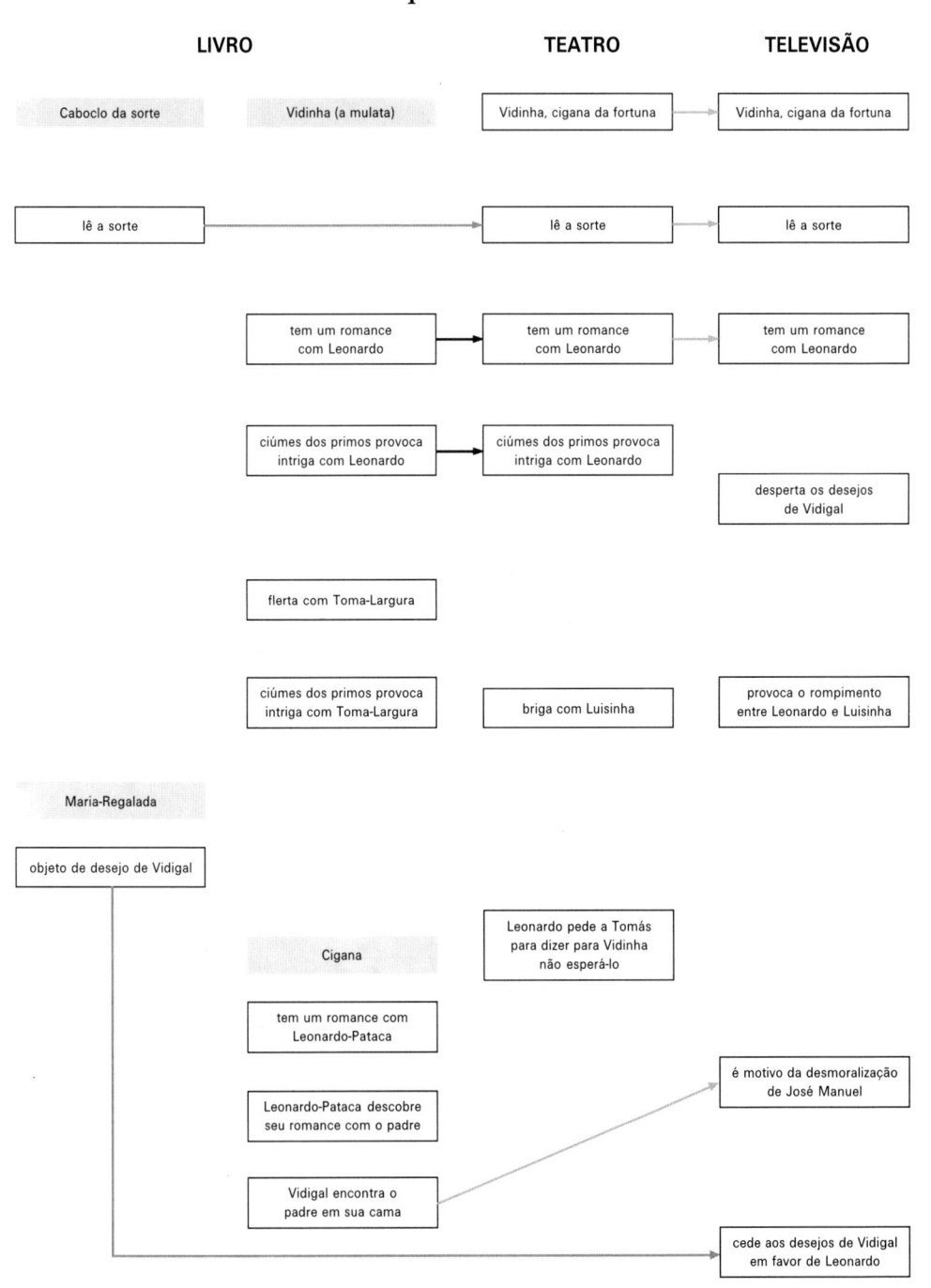

| LIVRO | | TEATRO | TELEVISÃO |
|---|---|---|---|
| Caboclo da sorte | Vidinha (a mulata) | Vidinha, cigana da fortuna | Vidinha, cigana da fortuna |
| lê a sorte | | lê a sorte | lê a sorte |
| | tem um romance com Leonardo | tem um romance com Leonardo | tem um romance com Leonardo |
| | ciúmes dos primos provoca intriga com Leonardo | ciúmes dos primos provoca intriga com Leonardo | |
| | | | desperta os desejos de Vidigal |
| | flerta com Toma-Largura | | |
| | ciúmes dos primos provoca intriga com Toma-Largura | briga com Luisinha | provoca o rompimento entre Leonardo e Luisinha |
| Maria-Regalada | | | |
| objeto de desejo de Vidigal | | | |
| | Cigana | Leonardo pede a Tomás para dizer para Vidinha não esperá-lo | |
| | tem um romance com Leonardo-Pataca | | |
| | Leonardo-Pataca descobre seu romance com o padre | | é motivo da desmoralização de José Manuel |
| | Vidigal encontra o padre em sua cama | | |
| | | | cede aos desejos de Vidigal em favor de Leonardo |

# Esquema 4

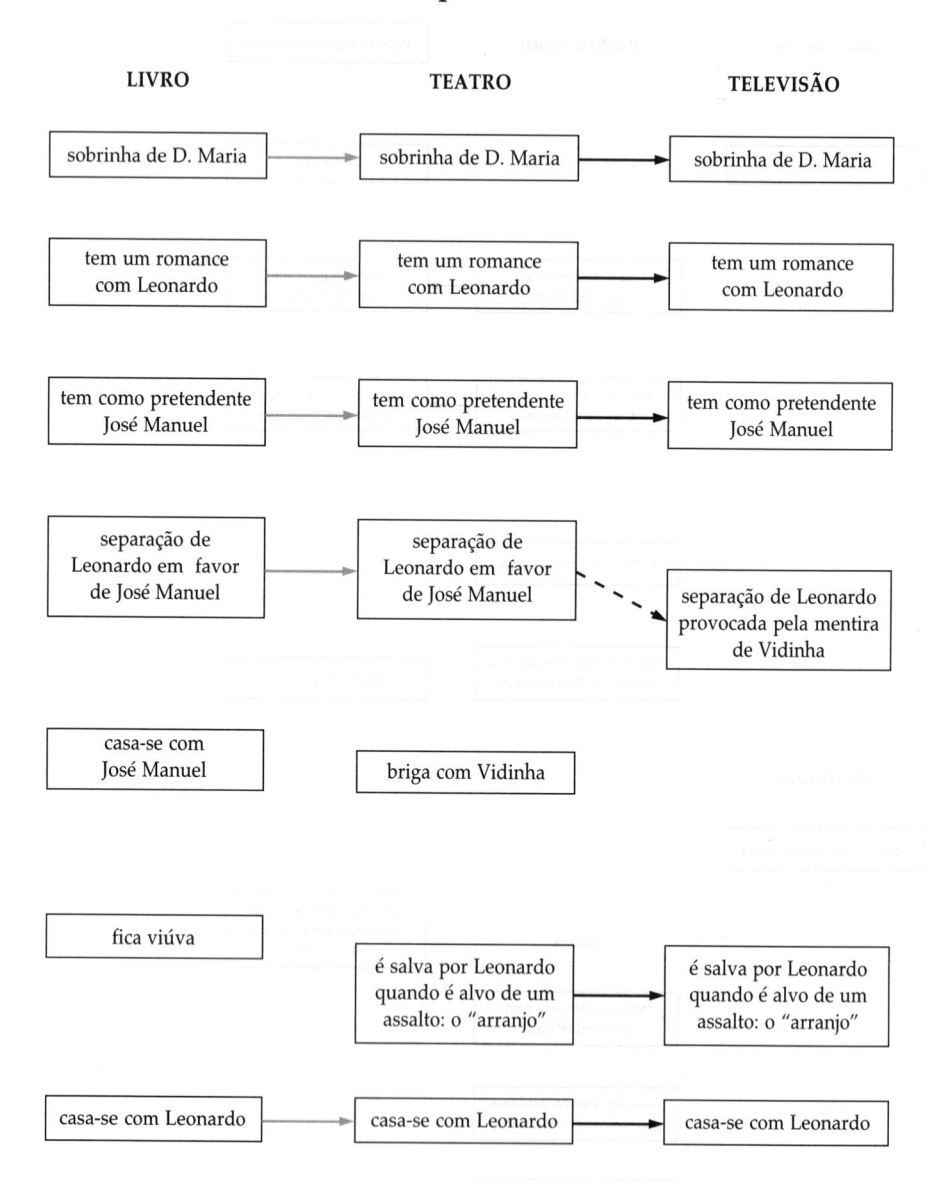

| LIVRO | TEATRO | TELEVISÃO |
|---|---|---|
| sobrinha de D. Maria → | sobrinha de D. Maria → | sobrinha de D. Maria |
| tem um romance com Leonardo → | tem um romance com Leonardo → | tem um romance com Leonardo |
| tem como pretendente José Manuel → | tem como pretendente José Manuel → | tem como pretendente José Manuel |
| separação de Leonardo em favor de José Manuel → | separação de Leonardo em favor de José Manuel ⇢ | separação de Leonardo provocada pela mentira de Vidinha |
| casa-se com José Manuel | briga com Vidinha | |
| fica viúva | é salva por Leonardo quando é alvo de um assalto: o "arranjo" → | é salva por Leonardo quando é alvo de um assalto: o "arranjo" |
| casa-se com Leonardo → | casa-se com Leonardo → | casa-se com Leonardo |

# Esquema 5

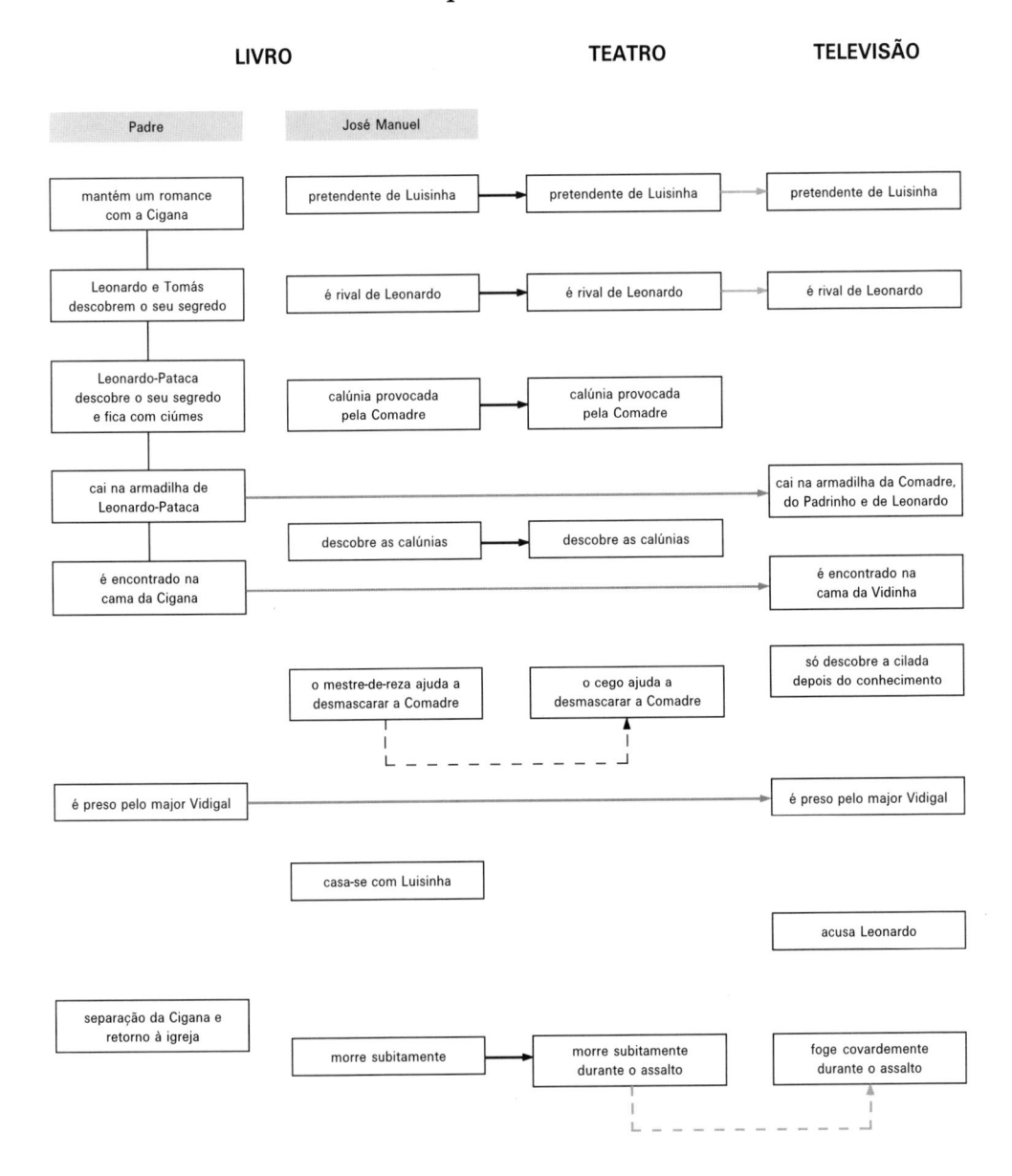

| LIVRO | TEATRO | TELEVISÃO |
|---|---|---|
| **Padre** | **José Manuel** | |
| mantém um romance com a Cigana | pretendente de Luisinha → pretendente de Luisinha | ⇢ pretendente de Luisinha |
| Leonardo e Tomás descobrem o seu segredo | é rival de Leonardo → é rival de Leonardo | ⇢ é rival de Leonardo |
| Leonardo-Pataca descobre o seu segredo e fica com ciúmes | calúnia provocada pela Comadre → calúnia provocada pela Comadre | |
| cai na armadilha de Leonardo-Pataca | | cai na armadilha da Comadre, do Padrinho e de Leonardo |
| | descobre as calúnias → descobre as calúnias | |
| é encontrado na cama da Cigana | | é encontrado na cama da Vidinha |
| | o mestre-de-reza ajuda a desmascarar a Comadre ⇠⇢ o cego ajuda a desmascarar a Comadre | só descobre a cilada depois do conhecimento |
| é preso pelo major Vidigal | | é preso pelo major Vidigal |
| | casa-se com Luisinha | |
| | | acusa Leonardo |
| separação da Cigana e retorno à igreja | morre subitamente → morre subitamente durante o assalto ⇠⇢ | foge covardemente durante o assalto |

# 5

# A presença da adaptação
## *Vidigal* na sala de aula

Na TV, fixa-se o "estereótipo do brasileiro", o malandro que "quer levar vantagem em tudo", que fura fila, que dribla os percalços da vida através do "arranjo". Os personagens constituem imagens arquetípicas e também vivem a "dialética da malandragem" ao transitarem entre a ordem e a desordem. Mantém-se, portanto, o movimento do texto original, pois permanece a articulação dos planos social e estético.

Embora a narrativa sofra uma simplificação por estar reduzida à relação amorosa entre Leonardo e Luisinha, os dados históricos e a dimensão folclórica estão presentes. Contudo, se no texto de Manuel Antônio os escravos não participam efetivamente da narrativa, na TV estão presentes.

O universo de escravos ora integra a narrativa, como é o caso da seqüência inicial que mostra Leonardo ajudando a Escrava a fugir de Vidigal, ora está presente como pano de fundo nas imagens de tortura de escravos, e que seriam aqueles "veios descontínuos", na visão de Antonio Candido. Tais imagens, no entanto, não devem ser consideradas como um ponto fraco da narrativa, pois na adaptação elas causam estranhamento no telespectador, por isso acabam recuperando um dado histórico, isto é, a atitude extremada de exploração da mão-de-obra escrava. A integração da Escrava na narrativa tem por objetivo construir uma imagem positiva de Leonardo, pois ele a protege da ira do Major.

Vidigal representa o universo da autoridade, sobretudo se considerarmos que o texto adaptado para a TV toma como base a adaptação de Millôr Fernandes para o teatro. Vidigal ganha *status* de personagem-título na peça que foi encenada pela primeira vez em 1966. Num período marcado pela ditadura, ele adquire a patente de Coronel que, de acordo com Roberto Goto, funciona como uma crítica ao poder das elites agrárias e ao regime militar. Nesse sentido, Vidigal aproxima-se das camadas dirigentes, com poder e autoridade para determinar o destino das pessoas.

A noção de destino também é marcante no texto visual. As imagens que simbolizam a prática da adivinhação são as cartas, as ciganas e os discursos premonitórios que são proferidos pela vizinha agourenta e pela cigana Vidinha. O destino de Leonardo é antagonizar com Vidigal, que cede aos desejos de Leonardo em troca dos "serviços" de Vidinha.

Assim como o romance *MSM*, publicado no jornal, a adaptação também segue as tendências do veículo. No caso da TV, é preciso diferenciar o Núcleo Guel Arraes, que tenta investir num certo "gênero" de programa televisivo, marcado pela utilização de técnicas teatrais. Mas, mesmo que resulte num programa cuja linha se distancie daqueles já consagrados e constantemente copiados, a adaptação precisa submeter-se às regras do veículo e, sendo assim, há limites no processo de criação.

A adaptação *Vidigal* faz parte de uma cadeia de leitores que reescrevem o texto de acordo com a época. Para Millôr, as *MSM* permitem discutir o período militar. A leitura de Jorge Furtado recupera ambos os textos, o romance e a peça teatral, sob a ótica da TV. Esse diálogo no interior do programa fundamenta todo o processo de criação.

É justamente a criação de um mundo paralelo que permite aos personagens viverem entre a ordem e a desordem, visto que a percepção carnavalesca existe e é retomada a cada festejo; o movimento dialético é vivenciado como se fosse a própria vida, não como uma representação. Trata-se de uma paródia da vida comum. Assim, ao transitarem por esses "mundos", os personagens encontram sua liberdade; o festejo, pela sua autenticidade popular, obriga o mundo oficial a aceitar tais comportamentos. É o que vemos nas novas relações construídas entre Leonardo, Vidigal, Luisinha e Vidinha.

Tem-se na adaptação de *MSM* o retrato de uma sociedade que acaba se tornando conivente com o apadrinhamento, o "arranjo", a propina. Em outras palavras, fica sugerido que a velha "lei de Gerson", a de levar vantagem em tudo, divulgada amplamente pelos meios de comunicação na década de 70, tem raízes profundas em nossa história. Assim, em *Vidigal*, o fator de identificação se consolida a partir do "jeitinho" brasileiro de solucionar problemas.

O estudo do programa *Vidigal* na sala de aula apresenta aspectos relevantes para uma discussão sobre "uma" possibilidade de adaptação do texto literário para a TV, pois não há uma fórmula propriamente dita; existem as imposições do veículo mas os caminhos escolhidos durante o processo são de responsabilidade do adaptador.

O problema da TV é pressupor um telespectador medíocre, sem potencial para apreciar "textos" com uma estética mais bem elaborada. Por isso, a programação oferecida para a massa é, de modo geral, de baixa qualidade, tanto no seu conteúdo quanto na estética; não é o caso das adaptações.

Para Luis Fernando Veríssimo, a adaptação de texto literário oferece vantagens tanto para a TV, "que pega um texto pronto como base", como para o autor "porque o livro é promovido"[1] e o público ganha com a exibição de um programa

---

1. Dannemann, Fernanda. Metamorfoses. Escritores e adaptadores falam das mudanças que a obra literária sofre ao ser transportada para a televisão. In: *Folha de S. Paulo*, 9 fev. 2003, pp. 6-7.

que foge dos modelos normalmente apresentados, inclusive incentivando a venda da obra original.

Segundo reportagem da *Folha de S. Paulo*[2], o romance *A casa das sete mulheres*, escrito por Letícia Wierzchowski, por exemplo, vendeu mais 30 mil exemplares após o início da exibição da minissérie adaptada por Maria Adelaide Amaral, assim como *Agosto* (1993), adaptação inspirada na obra de Rubem Fonseca. Isso ocorreu com a maior parte das adaptações.

Não se pode, no entanto, esperar que o texto adaptado seja fiel ao original. De acordo com roteiristas, é necessário ter liberdade para criar mesmo que as decisões sobre o processo de transposição levem para caminhos diferentes do original — o mais importante é produzir um texto coerente com a linguagem e com a época. As transformações sofridas pelo texto literário às vezes desagradam ao público leitor, que espera "ler a história da televisão", segundo declaração de Benedito Ruy Barbosa[3].

Na escola, o professor tem a possibilidade de desenvolver atividades de leitura da obra original, a partir da análise do processo de transposição, e mostrar que os textos possuem características distintas devido à linguagem utilizada para a sua criação, por isso não podemos "ver" a adaptação com a ilusão de que estamos "lendo" a obra original. No caso da adaptação *Vidigal*, é importante salientar que a opção pela linha dramática centrada no romance entre Leonardo e Luisinha, não prejudica a composição do texto na TV, apenas encaminha a construção do mundo da ordem e da desordem, com outra dinâmica.

---

2. Idem.
3. Idem.

# 6
# Estudo de outras adaptações: possibilidades de trabalho

Muitas vezes o professor tem que enfrentar dificuldades para trabalhar com o texto adaptado, desde a questão temporal — os filmes de longa metragem nem sempre são os mais adequados porque necessitam de mais de uma aula para sua exibição — até o problema do espaço físico e dos equipamentos das escolas. O agravante, porém, é a idéia de que a aula com vídeo é para "substituir a falta de um professor", "juntar as turmas". Mudar essa postura exige um trabalho crítico e sistematizado, por isso as escolhas que o professor faz são importantes para a formação do leitor.

Cada adaptação apresenta peculiaridades e deve ser estudada de acordo com o processo de transposição, isto é, de suas disjunções e conjunções. Descobrir o melhor caminho depende da análise do professor para selecionar, reconhecer o potencial pedagógico do programa e conhecer a especificidade do veículo.

Os textos selecionados foram exibidos pela Rede Globo, no programa *Brava Gente*[1], apresentado às terças-feiras, depois

---

1. Todos os dados sobre os episódios da série *Brava Gente* foram pesquisados no site www.globo.com/bravagente

das 22 horas. Para este estudo adotamos, prioritariamente, os seguintes critérios:

a) tempo de exibição: no máximo uma hora, respeitando-se a duração da aula, pois é importante não fragmentar demais a apresentação; planejar essa atividade para duas aulas seguidas pode ser mais produtivo, porque, desse modo, tem-se a possibilidade de organizar uma discussão prévia;

b) variedade de gênero da obra original: conto, teatro, romance, poesia, crônica; neste estudo veremos que alguns gêneros exigem maiores transformações como, por exemplo, o romance.

A partir da análise das relações entre a adaptação e o texto original é possível elaborar estratégias para desenvolver trabalhos em sala de aula, mas é bom lembrar que, como não há uma receita, cada texto estudado pode indicar diferentes caminhos para o desenvolvimento da leitura.

O conto, por apresentar uma narrativa breve, possui uma dinâmica que favorece a transposição da ação para a linguagem da TV, talvez por isso boa parte dos programas apresentados na série *Brava Gente* tenha sido inspirada em textos desse gênero.

*O comprador de fazendas* é uma obra bem ao gosto do público jovem, devido ao caráter humorístico da narrativa. Na TV, a adaptação destaca a construção do discurso metalingüístico, que permite refletir sobre o processo de produção no cinema e na TV.

### 6.1. Adaptação de conto

*6.1.1. Título:* O comprador de fazendas

Texto original: *O comprador de fazendas*, de Monteiro Lobato, publicado na obra *Urupês*.

**Ficha técnica**[2]
Direção: Carlos Gerbase
Roteiro: Carlos Gerbase e Jorge Furtado
Personagens:
Davi (Marco Nanini): patriarca, dono da fazenda
Isaura (Lúcia Alves): esposa de Davi
Zilda (Julia Feldens): filha do casal Davi e Isaura
Pedro Troncoso (Bruno Garcia): produtor de cinema
Ricardo André (Paulo Betti): galã de filme
Osmar (Zé Vitor Castiel): dono da Pensão Lobato
Salgado (Nelson Diniz): um possível comprador da fazenda
Repórter (Patrícia Diniz): repórter de TV
Patrícia Mascarenhas (Rejane Arruda): estrela do cinema brasileiro

**Adaptação**
A história[3] se passa na fazenda onde Davi mora com sua esposa Isaura e a filha Zilda. A família tenta disfarçar as más condições da propriedade para poder vendê-la.

Salgado, um possível comprador, percebe a decadência em que se encontra o local e, mais uma vez, a venda da fazenda é frustrada.

Pedro Troncoso, um produtor de cinema, se encanta com a propriedade e vê ali a locação perfeita para rodar o filme com o galã Ricardo André.

Enquanto verifica o local e conhece os proprietários, Pedro Troncoso se hospeda na Pensão Lobato, que pertence a Osmar. Como não tem dinheiro para pagar os aluguéis atrasados, ele

---
2. www.globo.com/bravagente
3. www.globo.com/bravagente

dá em troca os objetos que ganhara da família de Davi: uma moringa, ovos de galinha, queijo etc.

O filme que Pedro Troncoso deseja produzir é uma adaptação do conto *O comprador de fazendas*, de Monteiro Lobato, cuja trama gira em torno de uma família que tenta vender uma fazenda. A chegada de um suposto comprador deixa a família cheia de esperanças. Ele é recebido como hóspede e parte com a promessa de retornar para comprar a propriedade.

Durante a estada de Pedro na fazenda, Zilda se apaixona por ele e espera ganhar o papel de mocinha ao lado de Ricardo André.

Mais tarde a família descobre que o jovem tem fama de picareta, mas ele ganha na loteria e resolve cumprir sua promessa. O fato, no entanto, não se concretiza porque os proprietários, acreditando tratar-se de um golpe, expulsam o jovem da fazenda.

Temos, deste modo, a construção do discurso metalingüístico pois o roteiro do filme é o mesmo vivido por Pedro Troncoso e a família de Davi.

O programa foi exibido em três blocos e nas primeiras cenas Davi está mostrando a fazenda para um comprador. Isaura e Zilda ajudam a camuflar a aparência do local. Há um cavalo pintado com manchas brancas que é levado de um lado para o outro, para que o sr. Salgado acredite na existência de vários animais.

Toda a estratégia de Davi é no sentido de enganar os possíveis compradores, porque o local não tem, na verdade, nada a oferecer. No anúncio publicado, Davi mente sobre o verdadeiro estado do local ("Fazenda com excelente produtividade"), pois não há cultivo de nenhuma espécie, assim como não há criação alguma. Diante do desagrado do comprador, Davi tenta chamar-lhe a atenção para outros aspectos positivos: "O senhor precisa ver a lua nascendo atrás da casa". Obviamente o comprador vai embora sem fechar negócio.

A família deposita suas expectativas na venda da fazenda: Davi quer viver tranquilo pescando, Isaura deseja comprar um apartamento na cidade e Zilda sonha em ser artista de TV, por isso os três se empenham em camuflar a aparência do lugar.

Pedro Troncoso de Carvalho Fagundes, jovem e bonito, chega na fazenda, mas se decepciona com as reformas realizadas pela família. Enquanto Pedro vai exaltando o que a fazenda tem de pior, Davi segue atrás destruindo o que haviam arrumado.

*Davi: A casa toda foi reformada.*
*Pedro: Desgraça (...) eu estou procurando um casarão em ruínas (...) meu interesse na fazenda é cultural.*

Em seguida Pedro conhece Zilda, e inicia-se um romance. Pedro pretende rodar um filme na fazenda, que terá como ator principal Ricardo André, um ator famoso. Como este personagem é representado por Paulo Betti, aparecem *flashes* de seu trabalho, como cenas de novelas e propagandas.

*Close* do personagem Ricardo André; o galã revela seu talento através do olhar sedutor.

No final deste bloco, a família está feliz e cheia de expectativas quanto à venda da fazenda.

No segundo bloco, Davi fecha o negócio e Pedro e Zilda ensaiam um diálogo do filme; na cena romântica, Pedro se aproveita para beijar Zilda, e lhe revela que já fora ator.

*Zilda: É assim que os atores se beijam no cinema?*
*Pedro: Não sei, quando eu era ator nunca alguém me beijou assim, tão apaixonada!*
*Zilda: Já foi ator? que filme?*
*Pedro: Você não deve ter visto (desconcertado). "Uma fazenda muito louca".*
*Zilda: Infantil?*
*Pedro: Não muito!*
*Zilda: E... tinha cenas de beijos?*
*Pedro: De vários tipos!*
*Zilda: Qual o seu tipo preferido, assim... me ensina!*
*Pedro: Ensino.*

Esta cena encerra com um beijo apaixonado e nos revela o contraste entre os personagens: de um lado, Pedro, muito mais malicioso e aproveitador — o homem da cidade — e Zilda, ingênua e romântica. Embora compactue com a necessidade de mentir para os compradores anteriores, conforme orientação de seu pai, ela não chega a ter o mesmo grau de malícia que Pedro, pois se deixa levar pelo sonho de tornar-se artista.

PM mostrando a partida de Pedro e a alegria de Davi e Isaura na expectativa de fechar um bom negócio.

Os sonhos da família vão perdendo força e transformando-se em desalento na medida em que o tempo vai passando e Pedro não retorna para efetivar a transação. Na tentativa de obter informações sobre Pedro, Davi vai à Pensão Lobato — referência ao escritor Monteiro Lobato — e descobre que Pedro o enganara. Inicia-se a queda de Pedro e, conseqüentemente, da família.

O bloco termina quando Zilda está na locadora.

Destaque para Zilda quando ela encontra o filme estrelado por Pedro, "Uma fazenda muito louca".

No terceiro bloco, Ricardo André procura Pedro na pensão. Com o patrocínio, o projeto de produção do filme pode ser desenvolvido, por isso ambos dirigem-se para a fazenda. Estas cenas são intercaladas com outras, em que Davi e Zilda assistem ao filme de Pedro. Trata-se de um filme erótico — de baixa qualidade — cujas cenas não são mostradas explicitamente, mas sugeridas, e trazem como atores Pedro Troncoso, uma garota e um jumento. Nos cortes das cenas, temos, desta maneira, a idéia de simultaneidade.

Diante dos fatos, Isaura e Davi estão revoltados e Zilda decepcionada por ver seu sonho acabar.

*Isaura: ... ele não roubou nada... tudo que ele levou foi de mão beijada.*

A expressão popular "mão beijada" apresenta duas referências: uma de ordem material porque Pedro comera do bom e do melhor, e outra de ordem emocional pois "roubou" os beijos de Zilda, por isso ela, ao ouvir as palavras da mãe, sai chorando com a mão na boca.

Ricardo e Pedro não são bem recebidos na fazenda. Zilda repete o diálogo, ensaiado com Pedro, para Ricardo — embora dirigidas, na verdade, para Pedro —, desta vez com raiva, sem o olhar apaixonado.

> *Ricardo: Bom dia!... é muito bonito aqui, as plantas, os musgos...*
> *Zilda: Que belas palavras! pena que sejam falsas!*
> *Ricardo: Não estou entendendo...*
> *Zilda: Eu descobri que o senhor é um farsante. Pensei que nunca mais voltaria a vê-lo.*
> *Ricardo (espantado): Já nos conhecemos? eu nunca estive aqui!*
> *Zilda: O que o senhor diz vale tanto quanto o canto das cigarras, e perde-se no vento.*
> *Ricardo: Desculpe, minha senhora, mas eu tenho um compromisso.*
> *Zilda: Não, ainda não, não deixarei que parta sem que pague a última promessa (dá um beijo em Ricardo).*
> *A idéia de simultaneidade dos acontecimentos é construída a partir das cenas intercaladas, ora em Zilda e Ricardo, ora dentro do casarão com Isaura, Davi e Pedro.*
> *Davi (com uma vassoura na mão): Eu vi seu filme, cachorro!*
> *Pedro: Jumento estava na moda e a garota gostava dele!*

Novamente as referências às cenas do filme são apenas sugeridas. E Davi expulsa Pedro e Ricardo da fazenda. Mais uma vez a família vê seus sonhos naufragarem.

O programa termina com a família assistindo à entrevista de Pedro e Ricardo para a TV. As cenas mostram o desolamento da família que se contrapõe com o ar de felicidade dos artistas pelo sucesso do filme "O comprador de fazendas", indicado para o Oscar.

Ricardo André e Patrícia Mascarenhas, protagonistas do filme *O comprador de fazendas*.

As últimas imagens são, ironicamente, da lua nascendo atrás do casarão, tal como uma das falas iniciais de Davi ao sr. Salgado.

**Texto original**

O texto de Monteiro Lobato, que deu origem à adaptação, narra a história de uma família que tenta vender uma fazenda. O nome da fazenda já é um indício do que irá acontecer, pois, na gíria, "Espigão" significa prejuízo, logro e está no grau aumentativo, ou seja, o destino não é nada promissor.

Davi Moreira de Souza, dono da fazenda, depois de comprá-la por um preço que julgou ser uma pechincha, descobre que ela na verdade não vale nada e só lhe dá prejuízo. Para tentar vender a fazenda, Davi e sua família escamoteiam os problemas para convencer o suposto comprador, Pedro Troncoso.

A venda da fazenda permitiria à família "respirar a salvo dos credores"[4] e realizar alguns desejos; o filho Zico pretendia estabelecer-se ("declarou necessitar, à parte sua, de três contos de réis para estabelecer-se")[5]; a mãe, dona Isaura, já tinha

---

4. Lobato, Monteiro. *Urupês*. 23. ed. São Paulo: Brasiliense, 1978, p. 114.
5. Idem, p. 115.

vislumbrado uma casa na cidade ("De há muito trazia d'olho uma de porta e janela, uma certa rua humilde, casa baratinha, d'arranjados")[6]; para a filha Zilda, um piano e romances... Assim, todos tinham um sonho que depositavam na esperança de vender a fazenda.

A chegada de Pedro Troncoso foi tranquila, sua estada também; o capitalista estava satisfeito com tudo e concordava com as condições impostas por Davi. O comprador parte, então, com a promessa de retornar para fechar os últimos detalhes e, enfim, realizar a compra, deixando a todos felizes. Mas a demora de seu retorno obrigou Davi a escrever para um conhecido que morava na mesma cidade que o capitalista. Em resposta obteve uma revelação: não havia nenhum capitalista com esse nome, somente um tal Trancosinho, filho de Nha Véva, trambiqueiro e aproveitador. Deste modo, não só os sonhos caíram por terra, como a imagem de Pedro Troncoso, antes chamado de "doutor", "direitão", agora era o "biltre".

Mas, por ironia do destino, Pedro Troncoso ganhou um prêmio de 50 contos de réis, e resolveu retornar à fazenda Espigão para comprá-la; afinal, havia sido muito bem recebido, principalmente por Zilda. Ao chegar na fazenda foi hostilizado por todos e mal pôde provar suas intenções; saiu de lá acuado sem a fazenda e sem Zilda.

Quanto a Davi, novamente o destino se revelava: "perdia assim naquele dia o único negócio bom que durante a vida inteira lhe deparara a Fortuna: o duplo descarte — da filha e da Espiga..."[7].

**Comentários e sugestões**

Como pudemos perceber, manteve-se boa parte da linha narrativa do texto original, isto é, a idéia do engano percorreu também a adaptação.

---

6. Idem, p. 115.
7. Idem, p. 125.

As mudanças ocorridas foram a redução do núcleo familiar. Zico não aparece na TV, mas Zilda ganha maior destaque, sobretudo pela formação do par romântico com Pedro, por isso as cenas envolvendo o casal ocupam boa parte do programa.

A construção dos desejos que movem os personagens são similares:

| Personagens | Adaptação | Texto literário |
|---|---|---|
| Davi | viver tranqüilo, pescando | viver tranqüilo, longe dos credores |
| Isaura | apartamento na cidade | casa na cidade |
| Zilda | ser artista de TV | ter piano e ler romances |
| Zico | (eliminado) | ter dinheiro para estabelecer-se |

O desaparecimento de Zico não prejudica a adaptação e permite centralizar a esfera do desejo no romance entre Zilda e Pedro, sem perder a trajetória dos personagens na busca da felicidade.

O ganho desta adaptação consiste na construção de um discurso metalingüístico sobre *O comprador de fazendas*. Segundo FrancisVanoye[8], "a metalinguagem é a linguagem que fala da própria linguagem. É um instrumento necessário sempre que se quer definir ou exprimir um aspecto qualquer da linguagem (do código) que se está utilizando". Assim, a adaptação contém um elemento de acréscimo: trata da linguagem cinematográfica em seu processo de produção, embora não discuta a totalidade dos mecanismos que envolvem essa linguagem.

---

8. Vanoye, Francis. *Usos da linguagem*. 3. ed. São Paulo: Martins Fontes, 1982, p. 119.

Neste programa vemos em destaque a necessidade da escolha dos locais de filmagem, a busca de um patrocinador e o envolvimento do ator principal, Ricardo André. Esses elementos podem auxiliar o aluno a entender aspectos que envolvem a produção de um filme, que tanto pode ser para a TV como para o cinema, sobretudo no que diz respeito às dificuldades geradas pelo custo da produção.

Outro aspecto muito importante, sem dúvida, é a atuação dos atores, com destaque para Marco Nanini. Seria interessante, a partir deste episódio, refletir sobre as escolhas do elenco: qual a sua importância para a construção do personagem; até que ponto a seleção recai naqueles atores já consagrados e por quê.

Na sala de aula, é bom destacar que a base da construção do humor é a idéia do engano; Davi, Isaura e Zilda são movidos pelo desejo, embora diferentes, mas que só pode ser alcançado através de um único meio: a venda da fazenda. A comicidade do enredo consiste na inversão de papéis, ou seja, os três acreditam que estão sendo enganados por Pedro Troncoso e Ricardo André.

Para o estudo desta adaptação na sala de aula é possível seguir o seguinte caminho:

a) assistir ao programa;

b) fazer comentários livres;

c) observar e analisar os elementos que indicam o uso da metalinguagem;

d) analisar a escolha dos atores;

e) analisar os efeitos de iluminação, que diferenciam o momento presente e as cenas dos filmes ("Uma fazenda muito louca" e "O comprador de fazendas");

f) analisar a construção do humor (aspecto fundamental para o reconhecimento do texto original).

O aluno verificará que no processo de adaptação do conto de Monteiro Lobato há mais elementos conjuntivos do que disjuntivos. Nesse sentido, é importante notar que a narrativa possui uma dinâmica apropriada para a linguagem da TV, portanto, não necessita grandes transformações.

Já no conto *A sonata*, de Érico Veríssimo, o problema da construção do tempo é muito complexo. Para o aluno será interessante perceber como as técnicas de iluminação interferem na composição das imagens e ajudam a estabelecer a relação entre o passado e o presente.

*6.1.2. Título:* A sonata

Texto original: *A sonata*, de Érico Veríssimo.

**Ficha técnica**
    Direção: Jayme Monjardim
    Roteiro: Júlio Fischer
    Núcleo: Jayme Monjardim
    Personagens:
    Luciana (Mariana Ximenes): aluna de Teodoro
    Teodoro (Angelo Antônio): professor de piano; apaixona-se por Luciana
    Safira (Suzana Vieira): viúva, mãe de Luciana
    Lucila (Daniela Escobar): filha de Luciana
    Magnólia (Nair Bello): dona da pensão onde mora Teodoro
    Aureliano (Tato Gabus): mora na mesma pensão e trabalha na Orquestra Sinfônica local
    Fanny (Betina Vianny): hóspede da pensão
    Saul (Jean Paul): hóspede da pensão
    Emiliano (Norton): aluno de Teodoro
    Augustinha (Lívia): aluna de Teodoro
    Celeste (Bia Montez): mãe de Emiliano
    Zulmira (Alexandra Richter): mãe de Augustinha

Amaro (Elias Gleiser): bibliotecário
Tito Meneghini (José Augusto Branco): maestro

**Adaptação**

Na TV, *A sonata* "enfoca a história de amor entre o professor de piano Teodoro e sua aluna Luciana, ambos residentes em Porto Alegre: ele vive em 1940 e volta ao ano de 1912 para viver este romance. Teodoro dá aulas de piano na pensão de Magnólia, onde reside juntamente com outros hóspedes. Entre eles está o pérfido Aureliano, a quem Teodoro sempre pede para que lhe arranje uma chance para se apresentar na Orquestra Sinfônica local. Mas Aureliano sempre desconversa. Na pensão, todos o vêem como um homem estranho: os hóspedes Fanny e Saul, e até mesmo seus alunos, as crianças Emiliano e Augustinha, e as respectivas mães, Celeste e Zulmira. Taciturno, o professor costuma visitar a biblioteca pública da cidade onde lê notícias em páginas amareladas de antigos jornais arrumados pelo bibliotecário Amaro.

Certo dia, em um jornal de 1912, Teodoro bate os olhos em um anúncio solicitando um professor de piano. Ele, então, resolve ir até o endereço mencionado e, ao entrar no antigo casarão, descobre que voltou no tempo. A dona da casa, a viúva Safira, estava à procura de um professor de piano para sua filha, Luciana, menina que sonha ser uma bailarina talentosa e independente como Isadora Duncan. Os dois se apaixonam e o professor acaba compondo "A sonata" para sua aluna. Teodoro vive transitando entre o presente e o passado, morando na pensão e indo ao casarão para dar aulas a Luciana"[9].

O programa tem início com a voz do protagonista, situando o telespectador sobre a história que será narrada:

*A história que se deu comigo é tão inacreditável que jamais tive coragem de contá-la a ninguém. Também pudera, se contasse de certo me*

---

9. www.globo.com/brava gente

*tomariam por mentiroso ou me trancariam num asilo de loucos. Eu mesmo confesso, às vezes custo a acreditar que aquilo realmente aconteceu. Tudo começou num dia de abril de 1940, um dia que prometia ser idêntico a todos os outros dias de minha vidinha obscura e monótona como professor de piano na pensão em que morava.*

O personagem cria uma expectativa quanto ao que irá acontecer de inusitado e transformador em sua vida e, desta forma, conquista a atenção do telespectador.

O grande motivo do professor de piano, Teodoro, é encontrar seu verdadeiro amor, ou melhor, sua musa inspiradora. Seu desejo é entrar para a Orquestra Sinfônica, mas para isso ele precisa ser um grande pianista e compositor.

Teodoro realiza seu sonho, ao penetrar no abismo do tempo. O encontro com Safira, mãe de Luciana, introduz o jovem professor numa outra dimensão do tempo: "Curioso, por uns... por uns instantes eu tive a estranha sensação de haver recuado no tempo. Bobagem! (...) Teodoro — 1912, 1912, como é possível".

Luciana aparece dançando e encanta Teodoro.

*Close* de Luciana que aparece para conhecer o novo professor de piano.

A junção dança/música nos é apresentada nas primeiras cenas quando Teodoro admira uma caixinha de música com uma bailarina.

Destaque para Teodoro e a caixinha de música.

Assim, fica expressa a formação do par romântico, na voz de Luciana: "Eu sou sua Isadora Duncan e você o meu Stravinsky".

Isadora Duncan[10] foi uma bailarina que renovou o mundo da dança. Nascida em São Francisco, em 1878, aprendeu música e dança, estudou balé mas revoltou-se contra o convencionalismo da época e tornou-se autodidata. Defendia a dança livre, sem as sapatilhas de ponta, por isso dançava descalça.

Igor Stravinsky[11], compositor russo, inspirou coreógrafos em seu tempo. Compôs "Pássaro de fogo", "Petruschka", "Sagração da primavera", entre outras.

A dança e a música se fundem, assim como o professor de piano e Luciana.

---

10. Achcar, Dalal. *Ballet. Artes. Técnica. Interpretação*. Rio de Janeiro: Cia. Brasileira de Artes Gráficas, 1980, p. 146.
11. Idem, p. 135.

Luciana, inspirada em Isadora, desce as escadas dançando descalça e com uma roupa esvoaçante, trazendo nas mãos um véu. Teodoro espanta-se com a referência pois para ele Isadora já havia morrido (setembro de 1927).

*Teodoro: Isadora Duncan morreu estrangulada pela própria echarpe.*
*Luciana: Estrangulada? qual! o senhor deve estar se referindo a alguma coreografia de Isadora com uma echarpe, sim, porque ela está bem viva, e sacudindo o mundo da dança. Uma coreografia com uma echarpe, não é extravagante?!*

Teodoro começa a compor para que Luciana dance. Ela se torna, então, sua musa, ou melhor, seu anjo.

Luciana, com o véu, dança ao som da música tocada por Teodoro.

O anjo triste, uma relíquia da família, transforma-se num anjo protetor e inspirador de Teodoro. Luciana é a metáfora do anjo.

Depois que Teodoro termina a sonata e revela seu amor a Luciana, ele é despedido por Safira. Rompe-se a fenda entre o passado e o presente. Teodoro não consegue mais voltar para o tempo de Luciana. Somente encontra referência sobre seu destino: o casamento, o nascimento da filha e a morte, tal como no texto literário.

Ao retornar à velha casa, Teodoro encontra a filha de Luciana, Lucila, e a surpreende ao tocar a sonata dedicada a Luciana. Lucila revela que o autor daquela sonata fôra o grande amor da vida de sua mãe. É esse amor eterno que leva Teodoro a acordar para a vida, para o futuro.

Teodoro vai para o teatro e toca a sua sonata para o maestro; é o momento de seu triunfo, ingressando na Orquestra Sinfônica; ele toca a sua "Sonata em lá menor" para as bailarinas que estão ensaiando a coreografia "Tributo a Isadora Duncan". O abismo no tempo serviu, portanto, para que Teodoro encontrasse seu futuro e reencontrasse Luciana nas bailarinas do teatro.

Assim, temos na última declaração de Teodoro, ao som de sua sonata, a constatação de que houve a valorização do tema amoroso:

> *Não me peçam explicações para o que aconteceu pois é da natureza mesma do amor ser regido pelo signo do mistério; tudo que sei é que o meu encontro com Luciana modificou para sempre o curso de minha vida, pois se sou o compositor e maestro que me tornei, devo unicamente ao amor que ela inspirou em mim. E asseguro que não houve em todas as sonatas, sinfonias e concertos que compus, desde então, um único acorde que não fosse dedicado a ela. Eu te amo, Luciana, e te amarei para sempre.*

**Texto original**

No texto original escrito por Érico Veríssimo temos uma história de amor entre o professor de piano — o narrador-personagem não revela seu nome — e Adriana. A narrativa inicia-se no ano de 1940 quando o protagonista encontra um anúncio, publicado em 1912, solicitando os serviços de um professor de piano:

PROFESSOR DE PIANO. Precisa-se dum professor de piano, pessoa de bons costumes, para lecionar môça de família já com quatro anos de estudo. Tratar à Rua do Salgueiro no. 25. (É uma casa antiga, com um anjo triste no jardim)[12].

Ocorre um abismo no tempo, pois o professor dirige-se à casa e lá encontra os moradores no ano de 1912. Conhece Adriana e ministra as aulas de piano todas as terças e quintas. O romance entre eles tem início e o professor declara seu amor compondo uma sonata para ela, mas esse amor não pode ser concretizado porque Adriana já está comprometida. A mãe, percebendo o sentimento de ambos, despede o professor, que volta para o presente.

Na tentativa de reencontrar Adriana, o professor vai à biblioteca ler jornais antigos; três notícias lhe chamam a atenção: o casamento de Adriana em julho de 1912, o nascimento da filha de Adriana — que levou o mesmo nome da mãe — e a morte de Adriana, em janeiro de 1919, enterrada no "Cemitério da luz".

O professor dirige-se ao cemitério para ver o túmulo de Adriana e acaba encontrando com a filha dela, também chamada Adriana. Para ele, Adriana "era um prolongamento da Outra"[13], nos gestos e na aparência. Ela o convida para conhecer sua casa e o pai. Lá o professor encontra o mesmo piano em que dava aulas para Adriana; ao tocar a sonata, a filha o acusa de "plagiário", ele desconversa e vai embora antes que possa descobrir que tudo não passara de uma ilusão.

Narrada em primeira pessoa, a história é construída com referências aos movimentos de uma sonata, composta pelo professor como uma declaração de amor para Adriana, "Sonata em ré menor":

> Foi no último dia de maio que levei a sonata pronta à casa do anjo. Toquei-a para Adriana. O primeiro movimento traduzia

---

12. Veríssimo, Érico. Sonata. In: *Ficção completa*. Rio de Janeiro: José Aguilar Editora, 1966, v. II, p. 673.
13. Idem, p. 683.

a minha surpresa e a alegria de encontrá-la. Era entretanto um *allegro ma non troppo*, pois no fundo desse contentamento já se podia entrever o temor que eu tinha de um dia perdê-la. O *scherzo* pintava com cores vivas não só os momentos felizes que passáramos juntos naquela sala como também cenas da infância de Adriana. Lá estava a menininha de tranças compridas, ora a brincar no quarto com suas bonecas, ora a correr no jardim tangendo um arco tricolor. Depois era Adriana a rir um riso assustado diante daquelas sete outras Adrianas deformadas que espelhos côncavos e convexos lhe deparavam na sala mágica da Grande Exposição. Vinha a seguir um *molto agitato* de curta duração que descrevia o desespero dum homem a caminhar desorientado pelas ruas vazias, em busca dum amor impossível perdido no Tempo. E a sonata terminava com um prolongado adagio repassado dessa tristeza resignada de quem se rende diante do irremediável, sem rancores para com a vida ou as outras criaturas — um movimento lento e nostálgico sugestivo dum rio a correr para o mar, levando consigo a saudade das coisas vistas a refletir aquelas imagens amadas[14].

**Comentários e sugestões**

Na TV, basicamente o tema é o mesmo do texto original, isto é, o romance entre o professor de piano e sua aluna. O que muda na adaptação é o destino de Teodoro, pois ele se torna um grande pianista da Orquestra Sinfônica e maestro, o que não ocorre no original.

Os episódios coincidentes são aqueles em que vemos desenvolver o romance entre o professor e sua aluna, aspecto fundamental para o reconhecimento do texto original, isto é, as conjunções. As reflexões sobre a relação entre o passado, o presente e o futuro também firmam as conexões com o texto de Érico Veríssimo.

No texto literário, o tempo é relativizado, pois o presente e o passado se misturam, permitindo que o protagonista opere

---

14. Idem, p. 680.

uma espécie de volta ao passado. Nesse lugar imaginário, seguro e protegido, o sentimento de nostalgia abre caminho para que o professor encontre seu grande amor perdido no tempo.

> O Tempo é um rio sem nascentes a correr incessantemente para a Eternidade, mas bem se pode dar que em inesperados trechos de seu curso o nosso barco se afaste da correnteza, derivando para algum braço morto, feito de antigas águas fincadas, e só Deus sabe o que então nos poderá acontecer[15].

O distanciamento da realidade pode ser compreendido pela dificuldade do professor em se inserir no mundo, pois é considerado "um lunático", um "bicho-de-concha" que, no encontro com o passado, vai se fechando cada vez mais.

> Sim, porque eu sentia que algo de maravilhoso me estava acontecendo, eu não compreendia por que nem como. Só sabia que tinha encontrado um lar, um abrigo. Pode parecer tolice, mas era como se eu tivesse voltado por um milagre ao ventre materno[16].

É natural, portanto, que o professor de piano retorne exatamente no ano de seu nascimento, 1912, momento confirmado na intervenção de Adriana: "Veja!, exclamou. Ontem nasceu uma criança com seu nome"[17], como se pudesse reconstituir sua vida em outro espaço e tempo.

Na TV, o passado e o presente também se encontram, mas o retorno à realidade já não é assustador; o passado serviu para que o professor pudesse enfrentar o futuro, ainda que encontrasse inspiração no passado, isto é, nas recordações da imagem de Luciana dançando. O tempo na adaptação não aponta um retorno ao útero materno, mas antes uma maneira de construir o futuro.

---

15. Idem, p. 671.
16. Idem, p. 675.
17. Idem, p. 679.

Além das conjunções e disjunções, esse texto nos oferece dois aspectos importantes para que o aluno compreenda a construção da linguagem televisiva: a iluminação e a trilha sonora.

Seria enriquecedor destacar a utilização desses recursos, o que pode ser feito da seguinte maneira.

a) Discutir com os alunos as concepções de imagem a partir do posicionamento da luz.

Cena em que Teodoro toca para Lucila, filha de Luciana; destaque para a luz.

Toda a iluminação na casa de Luciana é feita com uma luz indireta que penetra na sala através das grandes janelas, construindo um clima misterioso e denso, pois os personagens, muitas vezes, são vistos apenas pelo contorno do corpo. As imagens não são definidas justamente para construir a idéia de ilusão, em contraponto àquelas cenas em que Teodoro está na pensão ou na biblioteca.

b) Quanto à trilha sonora, há um deslocamento da "Sonata em ré menor" para "Sonata em lá menor" e uma relação com os movimentos musicais[18]:

- *allegro ma non troppo*: alegre, vivo, mas não muito, ou seja, Luciana trazia a alegria do encontro com a inspiração, mas também através dela o medo do presente e do

---

18. Achcar, Dalal. Op. cit., p. 237.

futuro porque Teodoro havia penetrado no abismo do tempo e a "realidade" poderia se revelar uma ilusão;

- *scherzo*: brincando, para mostrar a alegria, a brejeirice e o encantamento nos momentos em que Luciana dançava como Isadora Duncan;
- *molto agitado*: momentos de tensão; Teodoro perde a fenda do tempo, por isso fica desnorteado;
- *adágio*: lento, a densidade é maior e representa a queda de Teodoro que ocorre no texto literário, mas não na TV. Na adaptação o desfecho é em *allegro* pois Teodoro fica para sempre com sua bailarina Luciana, lembrada e relembrada em suas composições.

Se, de um lado, a construção do tempo na adaptação é menos complexa do que no texto original, de outro, ganha-se nas escolhas da iluminação e, sobretudo, na trilha sonora. Para um trabalho em sala de aula também seria importante destacar que alguns personagens sofrem modificações: o professor de piano precisa ser identificado, por isso ele recebe o nome Teodoro; como elimina-se a continuidade entre mãe e filha (Adriana e Adriana), não se pretende manter a simbiose entre elas, mudam-se os nomes para Luciana e Lucila. A valorização do amor aponta um caminho de esperança no futuro, diferente do texto original em que o professor confessa seu medo do futuro ou do encontro com a realidade: "A certeza de não pertencer àquele lugar àquela hora — pois eu não passava dum fantasma do futuro", "Senti então que agora, mais que nunca, eu corria o risco de perder para sempre o meu sonho. Veio-me então um terror quase pânico do futuro"[19].

A mudança de perspectiva leva também a uma eliminação da figura do anjo triste. Na TV, ele aparece, num último *close*, já caído na frente da casa de Luciana quando Teodoro encontra Lucila, no presente. No livro, o anjo triste está na casa

---

19. Veríssimo, Érico. Op. cit., p. 685.

onde moram Adriana (filha) e o pai; tanto a casa quanto o anjo triste destoam da atmosfera antes vivida por Teodoro:

> Apeamos diante duma dessas casas modernas, brancos sepulcros cúbicos lisos e frios. Atravessamos um jardim ricaço de cactos em meio do qual avistei um velho conhecido: o anjo triste.
> — Está vendo aquela coisa ali? — perguntou Adriana, apontando para o anjo. — Não tem nada a ver com essa residência funcional. Estava no jardim da casa onde papai noivou com mamãe. Ora, o velho, que é um sentimentalão, mandou trazer o monstrengo para cá...[20].

Nesta adaptação o aluno notará que a diferença da construção da linguagem consiste sobretudo nas técnicas de iluminação. Sem tais recursos, a composição do tempo poderia tornar inviável o processo de transposição.

Na adaptação do conto *A coleira do cão* também verificaremos que se manteve boa parte do texto de Rubem Fonseca, embora ocorram modificações na passagem do original para a TV.

O conto apresenta seqüências de ações muito próximas de filmes policiais, além disso a temática, isto é, o mundo do crime, está presente nos noticiários de TV, que muitas vezes espetacularizam a violência e a crueldade. São fatores que podem despertar o interesse do aluno devido ao impacto que esse tema costuma provocar.

*6.1.3. Título:* A coleira do cão

Texto original: *A coleira do cão*, de Rubem Fonseca

**Ficha técnica**
    Direção: Roberto Faria
    Roteiro: Antônio Carlos de Fontoura

---

20. Veríssimo, Érico. Op. cit., p. 684.

Personagens:
Vilela (Murilo Benício): delegado honesto
Washington (Lima Duarte): detetive
Pernambuco Come Gordo (Stênio Garcia): informante da polícia
Lilico (Chico Diaz): olheiro do bandido Jeitoso
Demétrio (Vicente Barcellos): detetive
Casimiro (Adriano Garib): detetive
Orlando (Renato Faria): motorista
Marlene (Teresa Seiblitz): mulher de Demétrio

**Adaptação**

"O conflito gira em torno de Vilela, um policial honesto, que acredita na justiça para todos, mas se depara com a realidade brutal da polícia. A corrupção, as leis do tráfico e a miséria o fazem refletir e acabam mudando o rumo de suas ações"[21]. Ao penetrar no mundo do crime, o delegado Vilela é contaminado pela violência e pelo ódio; essa manifestação oculta o surpreende mais do que aos seus subalternos, já acostumados com a dura realidade.

O episódio foi exibido em três blocos. No primeiro bloco, o delegado Vilela se vê às voltas com um crime — o assassinato de Claudionor e de Perneta, ambos da quadrilha do Baratão. Na tentativa de descobrir o culpado, encontra-se com um camelô — informante da polícia — e com Pernambuco Come Gordo; suas investigações o levam à quadrilha de Jeitoso, suspeito e foragido, que se esconde nos morros do Rio de Janeiro. No segundo bloco, a polícia prende Lilico, um olheiro de Jeitoso, que é torturado pelos policiais; Vilela interrompe a ação dos detetives Washington, Demétrio e Casimiro, e os repreende. Em uma ação policial num dos morros para prender Beicinho, Demétrio é gravemente ferido.

---

21. www.globo.com/bravagente

> Vilela comanda a ação para prender Beicinho.

No terceiro bloco, Vilela e os detetives estão no hospital e são informados da morte do companheiro.

> Vilela e Washington esperam notícias do companheiro.

Vilela e Washington avisam a mulher de Demétrio e voltam para a delegacia. Lá, Vilela resolve fazer uma encenação para fazer com que Lilico entregue Jeitoso; o bandido é levado para um lixão e o delegado o obriga a falar em troca de sua vida; Vilela aponta o revólver para a cabeça de Lilico e só não o mata porque Washington desvia sua mão. Esse episódio deixa Vilela transtornado ao perceber o ato que estava prestes a fazer.

A atitude de Vilela nos surpreende pois o personagem é construído a partir de imagens que mostram uma postura correta diante do cumprimento da lei; ele não é corrupto nem violento, apresenta momentos de reflexão e de lirismo. Muitas vezes, os *closes* e tomadas de cenas são feitas em *cp*, dando a ele um ar de honestidade.

Duas passagens são importantes na caracterização de Vilela, pois se contrapõem ao clima de tensão e violência do mundo policial. A primeira é o instante em que ele se encontra na delegacia e abre um livro, que está sempre em sua mesa, e lê o seguinte trecho do poema "Confissão"[22], de Carlos Drummond de Andrade, publicado em *Claro enigma*:

> Não amei bastante meu semelhante,
> não catei o verme nem curei a sarna.
> Só proferi algumas palavras,
> melodiosas, tarde, ao voltar da festa.

A segunda passagem acontece quando ele vai à casa de Demétrio informar sobre a morte do detetive. Ele observa os objetos da casa; são vazios, sem sentido: um vaso de cristal falso com flores artificiais, em cima da geladeira, um pingüim de louça e uma vela acesa, móveis velhos, "nenhum livro", e é aí que transparece a pobreza do lugar que, para ele, era maior que a tristeza. Neste momento temos como fundo musical "Tristesse" (tristeza), opus 10, n. 3, de Chopin.

No texto da TV manteve-se boa parte do original, sobretudo as características do delegado. No início do programa há um voz em *off* falando nomes de localidades do Rio de Janeiro; as imagens são do sangue escorrendo da cabeça de Claudionor, um bandido encontrado morto, e depois focalizando Vilela em *cp*.

---

22. Drummond, Carlos. *Reunião*. 10. ed. Rio de Janeiro: José Olympio, 1980, p. 165.

**Texto original**

No texto original temos:

> Vilela chegou perto do corpo caído. Na testa negra havia um orifício avermelhado; a parte de trás da cabeça tinha desaparecido: em seu lugar havia um buraco onde se viam restos de miolos, lascas de ossos misturados com cabelos, coágulos de sangue escuro cheios de moscas. Sangue empapava a camisa, no peito e nas costas[23].

Ariovaldo José Vidal, em seu livro *Roteiro para um narrador*, apresenta aspectos relevantes sobre a produção artística desse autor. O conto *A coleira do cão*

> não é uma porta que se abre, mas uma porta que se fecha sobre a civilidade das relações na metrópole. Tudo o que fora antecipado nos contos anteriores de distorção do corpo, de exploração, concretiza-se nesse último texto igualmente poético, só que aqui de uma poesia dura, feita na sala mal iluminada de uma delegacia de subúrbio. Cada frase do conto não é somente um índice de descrição da realidade: é um verso em prosa, uma denúncia, um epitáfio anônimo.
> Mais do que ser um conto do gênero policial, *A coleira do cão* é a entrada da obra numa sociedade policial, em que uma larga chaga de pobreza confina-se num cinturão de violência e tecnologia[24].

No universo construído por Rubem Fonseca encontramos o par Vilela/Washington, ambos têm consciência da miséria humana, da violência provocada pela pobreza. Assim,

> o limite difícil entre as duas visões — a que se angustia com a violência e a que já a rotinizou — aparece claramente na "cena" de execução, armada por Vilela, em que este se sente prestes a

---

23. Fonseca, Rubem. *A coleira do cão*. Rio de Janeiro: Olivé Editor, 1965, p. 359.
24. Vidal, Ariovaldo José. *Roteiro para um narrador*. São Paulo: Ateliê Editorial, 2000, p. 85.

praticar o assassinato de Jaiminho, ironicamente evitado por Washington. A cena é estratégica, pois mostra uma retidão ameaçada o tempo todo de se transformar em violência; retidão defendida em vários momentos da obra pela figura do solitário delegado, quer se chame Vilela ou não[25].

Esse limite também encontramos na TV, cujo efeito dramático produzido pela última cena mostra a figura do delegado Vilela sendo desfigurada; apesar de toda a sua posição contra qualquer violência — em cenas anteriores ele impede que Washington machuque o preso —, não hesita em torturar psicologicamente o bandido Lilico a fim de obter informações sobre o paradeiro de Jeitoso, e é justamente o clima tenso e violento que produz nele um desejo de matar.

## Comentários e sugestões

Nesta adaptação não houve muitas modificações nem na construção do enredo nem na caracterização de personagens, como podemos ver nos quadros abaixo:

### Estrutura da narrativa

| Texto original | Adaptação |
| --- | --- |
| assassinato de Claudionor, Alfredinho e Severino Marinheiro, homens do Batata | assassinato de Claudionor, Perneta e Severino Marinheiro, homens do Baratão |
| início das investigações de Vilela | início das investigações de Vilela |
| Vilela encontra-se com Marreco, um camelô que se tornara informante da polícia | Vilela encontra-se com um camelô (não é nomeado), informante da polícia |
| Marreco informa que a autoria dos assassinatos é da gangue do Bambaia | O camelô informa que a autoria dos assassinatos é da gangue do Jeitoso |
| Casimiro presume que o bicheiro morre no morro do Barreira e apresenta um informante, Pernambuco Come Gordo | Casimiro presume que o bicheiro morre no morro do Barreira e apresenta um informante, Pernambuco Come Gordo |
| Vilela vai visitar Pernambuco Come Gordo | Vilela vai visitar Pernambuco Come Gordo |
| Orlando, motorista da polícia, leva Vilela e Casimiro até o morro | Orlando, motorista da polícia, leva Vilela e Casimiro até o morro |

---

25. Idem, p. 90.

| Texto original | Adaptação |
|---|---|
| Pernambuco Come Gordo confirma a denúncia de Marreco | Pernambuco Come Gordo confirma a denúncia do camelô |
| Repórteres acusam a polícia de descaso em relação aos últimos crimes | Repórteres acusam a polícia de descaso em relação aos últimos crimes |
| é publicado num jornal o fato de o delegado Vilela estar mais preocupado em ler um livro (*Claro enigma*) do que resolver os casos | é publicado num jornal o fato de o delegado Vilela estar mais preocupado em ler um livro (*Claro enigma*) do que resolver os casos |
| Washington relata a rotina do jogo do bicho, que tem a conivência da polícia: corrupção de policiais e de repórteres | Washington relata a rotina do jogo do bicho, que tem a conivência da polícia: corrupção de policiais e de repórteres |
| Jaiminho, suspeito e conhecido de Bambaia, é preso | Lilico, olheiro de Jeitoso, é preso |
| policiais torturam Jaiminho; Vilela interrompe e repreende os policiais | Lilico é torturado por Washington, Casimiro e Demétrio; Vilela interrompe e repreende os policiais |
| ação policial comandada por Vilela para capturar Bambaia, no morro do Tuiti | ação policial comandada por Vilela para prender Beicinho, um dos integrantes da gangue de Jeitoso |
| Washington e outros policiais encontram uma tendinha com quatro homens; inicia-se um tiroteio | Vilela organiza a ação já no pé do morro; todos sobem e cercam um barraco onde estão Beicinho e uma mulher; inicia-se um tiroteio |
| Melinho é atingido e morre no hospital | Demétrio é atingido e morre no hospital |
|  | Washington e Vilela avisam Marlene sobre a morte de Demétrio |
| Washington e Deodato querem pressionar Jaiminho mas Vilela não concorda com a tortura e propõe uma ação psicológica (encenação) | Washington e Deodato querem pressionar Jaiminho mas Vilela não concorda com a tortura e propõe uma ação psicológica (encenação) |
| encenação comandada por Vilela | encenação comandada por Vilela |
| Jaiminho acaba informando o esconderijo de Bambaia | Lilico acaba informando o esconderijo de Jeitoso |

## Personagens

| Personagens | Original | Adaptação |
|---|---|---|
| Delegado Vilela | correto, honnesto; leitor de Drummond | correto, honesto; leitor de Drummond |
| Detetive Washington | detetive experiente; tem seis filhos; utiliza métodos de tortura nos interrogatórios | detetive experiente; não há referência a filhos; utiliza métodos de tortura nos interrogatórios |
| Detetive Casimiro | detetive experiente; conhece gente dos morros | detetive experiente; conhece gente dos morros |

| Personagens | Orginal | Adaptação |
|---|---|---|
| Detetive Melinho | tem oito filhos, morre na ação policial; casado com Marlene | detetive Demétrio; tem dois filhos, casado com Marlene |
| Detetive Deodato | acompanha Washington | detetive Demétrio; acompanha Washington |
| Detetive Pedro | participa de algumas ações | |
| Claudionor | bandido encontrado morto | bandido encontrado morto |
| Alfredinho | morre numa ação dos homens de Bambaia | Perneta: morre numa ação dos homens de Jeitoso |
| Jaiminho | conhecido de Bambaia | Lilico: olheiro de Jeitoso |
| Marreco | informante da polícia; camelô | informante da polícia; camelô; não aparece o nome |
| Pernambuco Come Gordo | informante da polícia | informante da polícia |
| Orlando | motorista; leva Vilela até o morro do Barreira; não participa das ações policiais | motorista; leva Vilela até o morro do Barreira; participa das ações |

Não há redução dos episódios que compõem a narrativa; alguns personagens mudam de nome (Jaiminho/Lilico), um desaparece (detetive Pedro), e dois sofrem uma redução (Melinho e Deodato/Demétrio), mas mantém-se o mesmo destino. Tal fato nos mostra que alguns textos literários apresentam aspectos que são compatíveis com a linguagem televisiva, principalmente em relação à temática.

No caso de *A coleira do cão*, o tema policial está muito presente nos noticiários, não exigindo maiores transformações ou atualizações. Esse é um detalhe que deve ser explorado na sala de aula, ou seja, tanto do ponto de vista da violência — física ou psicológica — quanto da concepção de imagens que podem ser comparadas com os telejornais que apresentam matéria policial.

Também a construção do herói deve ser estudada, pois Vilela é, de modo geral, apresentado em *cp*, o que lhe atribui um grau de superioridade. Ele vivencia as atrocidades do mundo do crime, mas não se deixa levar pela brutalidade, visto que é capaz de ter sensibilidade para ler poemas.

Assim, algumas questões podem ser discutidas com os alunos:

a) Por que o texto de Rubem Fonseca quase não sofre transformações?

Nesta questão, a identificação com a realidade atual pode ser ressaltada, como, por exemplo, a vida nas favelas, a pobreza, o mundo do crime, a formação de quadrilha.

b) Qual a importância da presença do poema de Drummond, isto é, qual o efeito que ela produz num texto cujo enfoque é a violência urbana?

Podemos dizer que os momentos de lirismo, elemento de contraste, salientam ainda mais a atitude inusitada de Vilela, no desfecho do programa.

Assim, a partir da leitura de *A coleira do cão*, *O comprador de fazendas*, *A sonata*, o aluno notará que o conto pode apresentar um ritmo narrativo próximo da linguagem da TV. Isso torna o conto um gênero literário apropriado para a transposição.

O mesmo acontece com o texto teatral que, além da seqüência de ações, já é estruturado em diálogos, oferecendo material para uma das etapas de roteirização.

Como o aluno nem sempre é freqüentador de teatro, talvez seja interessante o professor desenvolver um estudo sobre a linguagem teatral. A montagem de peças geralmente resulta em atividades apreciadas pelos alunos.

A adaptação *Os mistérios do sexo* foi inspirada em uma peça teatral cuja temática pode despertar a discussão sobre um assunto que preocupa os jovens: a sexualidade. O tom humorístico com que é construída a narrativa também constitui fator positivo na escolha desse texto para ser trabalhado com os alunos.

### 6.2. Adaptação de peça teatral

*6.2.1. Título:* Os mistérios do sexo.

Texto original: *O patinho torto*, de Coelho Neto

**Ficha técnica**

Direção: Cininha de Paula

Direção geral: Roberto Faria

Roteiro: Elizabeth Jhin

Personagens:

Eufêmia (Caio Blat): menina de 18 anos, cabelos cacheados, estudante

Bibi: (André Gonçalves): noivo de Eufêmia, 22 anos

Custódia (Aracy Balabanian): mãe de Eufêmia, viúva

Iracema (Maria Maya): amiga de Eufêmia, linda, delicada, 16 anos, irmã de Bibi

Clemente (Stepan Nercessian): compadre de Custódia, meio caipira

Doutor Patureba (Cláudio Corrêa e Castro): médico da família de Eufêmia

Donaira (Márcia Cabrita): empregada de Custódia, muito esperta

Augusta (Eva Todor): costureira, faz o enxoval de Eufêmia

**Adaptação**

A roteirista

desvendará os mistérios de uma menina de 18 anos. Estudante de um colégio de freiras, Eufêmia sempre foi um doce de menina. De repente, seu comportamento começa a mudar e seus gostos ficam cada vez mais parecidos com os dos meninos.
A mãe de Eufêmia deseja que a filha se case com o jovem Bibi. Só que o noivo está preocupado com o comportamento estranho de Eufêmia que passa a fumar, jogar futebol e sonha em ir para a guerra[26].

---

26. www.globo.com/bravagente

Descobre-se que Eufêmia na verdade era "Eumacho". O casamento com Bibi obviamente não pode ser realizado; a união é transferida para Iracema, amiga e confidente de Eufêmia.

Na TV, o episódio foi exibido em três blocos e desenvolve-se através de construções que geram ambigüidades, sobretudo na relação feminino/masculino.

No primeiro bloco, as cenas iniciais são produzidas como nos filmes mudos, em preto e branco. Aparecem meninas andando em fila num colégio de freiras. Uma delas está sendo repreendida pela freira: "O que é isso nas suas costas?" (fala transcrita na tela). Em seguida aparece o texto: "Beijo na boca é pecado mortal". A partir dessa cena as imagens são coloridas e acompanharemos o processo de amadurecimento de Eufêmia na busca de sua identidade sexual.

As próximas seqüências mostram conversas entre Custódia e Donaira, entre Custódia e Bibi. Para Custódia, Eufêmia é um mimo, uma menina doce e singela, e Donaira não contesta verbalmente a opinião de Custódia, mas suas expressões denunciam o contrário. Custódia confidencia ao futuro genro sua preocupação com o comportamento estranho da menina — a mãe não sabe que Eufêmia fuma e gosta de jogar futebol com os garotos da rua.

*Close* em Eufêmia destacando sua atitude liberal e muito masculina para a época.

Bibi faz referências às mudanças no comportamento feminino que, na visão de ambos, pode e deve ser controlado com o casamento, ou seja, existe uma linha bem demarcada para o comportamento feminino e masculino, parâmetros inseridos durante a infância que vão determinar a trajetória do homem e da mulher; para ele, o mundo, para ela, o casamento.

Donaira, então, expressa-se verbalmente, mas para as câmeras, isto é, para o telespectador que, nesse sentido, torna-se seu cúmplice. Donaira revela-nos que há um engano, utilizando o seguinte provérbio: "Tem noivo que é cego", similar a outro: "Tem marido que é cego", cujo sentido aponta para a traição de caráter amoroso envolvendo três pessoas; no caso da adaptação, trata-se da falsa identidade sexual da noiva.

Na festa de aniversário de Eufêmia temos cenas em que se mostra o desconcerto da jovem diante do noivo, principalmente ao ser anunciado o casamento.

Nas conversas entre Custódia e Clemente também há referências à liberdade feminina e ao progresso. Tais discussões encontram-se presentes ao longo de todo o texto.

Os momentos de confidências entre Eufêmia e Iracema giram em torno da sexualidade e apontam diferentes perspectivas de vida. Eufêmia, com uma visão masculina, gostaria de ser jogador de futebol e ser livre como as americanas, Iracema deseja se preparar para o casamento e ter filhos.

Eufêmia e Iracema conversam no quarto, em PM.

Eufêmia nota que há algo errado com ela, principalmente quando se compara com Iracema:

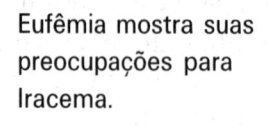

Eufêmia mostra suas preocupações para Iracema.

"Eu não tenho nada, nada", diz Eufêmia olhando-se no espelho e sugerindo que há outra coisa, "nem meus peitos nasceram, mas em compensação...", e por fim conclui: "acho que sou meio, assim... aleijada". É esse fato que a faz sentir-se diferente de outras meninas, por isso ela quer consultar um médico.

*Eufêmia: Mostrar para minha mãe? mostrar o quê?*
*Iracema: Esse tal de aleijão!*
*Eufêmia: Se eu mostrar para minha mãe, ela morre!*
*Iracema: É tão grande assim?*
*Eufêmia: É enoorme!*

Toda essa conversa é ouvida por Donaira, que está furtivamente atrás da porta.

No segundo bloco, continuam as cenas que denunciam a existência de um grande engano. Eufêmia experimenta seu vestido de noiva e sente-se constrangida. Clemente faz um *flashback* apresentando a trajetória de Eufêmia: a mãe ficara doente logo após seu nascimento e o pai morrera nessa ocasião; quem a criou foi uma babá que teria escondido o verdadeiro sexo da menina.

Donaira aparece sempre bisbilhotando, ouvindo conversas. Ela sugere que sabe o que está acontecendo com Eufêmia e somente aguarda o desfecho.

Quando Eufêmia ouve o cuco dar as badaladas e aparecer na janelinha, ela joga um objeto para destruir o passarinho que, analogamente, lembra o órgão sexual masculino, motivo de todo o seu desconcerto e temor ("esse passarinho infame que aparece de repente").

Se no primeiro bloco temos apenas sugestões de um engano que está sendo cometido, no segundo, esse engano começa a ser mais bem configurado. A simbologia do passarinho cria um sentido de ordem sexual. Além disso, o vocábulo "pepino" na fala de Clemente e Bibi possui o mesmo caráter:

> *Clemente: ... Se o compadre não tivesse morrido a história seria outra... pois é de pequenino que se torce o pepino.*
> *Bibi: ... Pois quem vai torcer o pepino de Eufêmia sou eu...".*

Esse provérbio traz como sentido a necessidade de se corrigir um comportamento, ou seja, é na infância que se ensina determinados comportamentos, depois disso não seria possível a aprendizagem. No caso de Eufêmia, o estranhamento é causado pelo uso do vocábulo "pepino", símbolo fálico que a aproximaria do corpo masculino, gerando um grande conflito, visto que sua inserção é no universo feminino. O humor reside no fato de que nem Bibi nem Clemente sabem da verdadeira identidade sexual de Eufêmia, mas o telespectador, induzido pelas ironias de Donaira, já tem conhecimento da verdade.

Eufêmia só percebe a sua verdade quando vai para a cachoeira com Iracema e se depara com a nudez da amiga e desmaia.

D. Custódia está preocupada com as meninas, e novamente temos a fala irônica de Donaira: "é verdade, pode aparecer um bicho esquisito", fazendo referência ao órgão sexual masculino — de Eufêmia.

Eufêmia é trazida por Bibi e Iracema relata o que acontecera, deixando D. Custódia ainda mais aborrecida:

> *Custódia: Imagine se chega Bibi e vê a noiva nua!*
> *Donaira (close, virando-se para a câmera): Tava mortinho uma hora dessas (porque descobriria a verdade sobre Eufêmia).*
> *Iracema: D. Custódia, parecia que estava subindo uma coisa de dentro dela! (close em Donaira, com uma expressão sugestiva).*

Nessas cenas, as sugestões quanto à sexualidade de Eufêmia vão se tornando cada vez mais explícitas através das falas dos personagens, mas principalmente nas expressões irônicas de Donaira.

No terceiro bloco, Eufêmia reconhece e assume a sua identidade sexual:

> *Eufêmia: ... Iracema, eu sou um desgraçado!*
> *Iracema: ... Com "o"?*
> *"Eufêmia: Com "o".*

Enquanto transcorre esse diálogo, Iracema veste sensualmente uma meia e é admirada por Eufêmia:

> *Eufêmia: ... eu não quero te assustar nem te magoar, graças a você agora tenho certeza de quem eu sou e para onde eu vou...*
> *Eufêmia, antes avessa a beijos, beija Iracema, que fica perplexa.*
> *Eufêmia: ...Você é tão linda, e eu não sou discípula de Lesbos, como eu cheguei a pensar.*

Para Eufêmia, desejar Iracema significaria contrariar a natureza feminina, gerando um conflito. Deste modo, a partir do contraste com o corpo de Iracema, Eufêmia percebe que não possui uma tendência homossexual ("discípula de Lesbos"). Neste caso, não se trata de um "desajuste" de caráter sexual, mas de aparência e de posicionamento social enquanto homem.

Na tentativa de resolver o seu "problema", Eufêmia utiliza uma metáfora do envelope:

*Eufêmia: ... Esse envelope não é meu.*

Referindo-se às cartas trocadas, uma enviada para um homem e outra para um mulher. Ou seja, a vestimenta, a aparência não corresponderia à sua verdadeira natureza masculina. É por isso que Eufêmia vai até o consultório do Dr. Patureba, que constata o engano.

Dr. Patureba leva um grande susto ao descobrir a verdadeira sexualidade de Eufêmia.

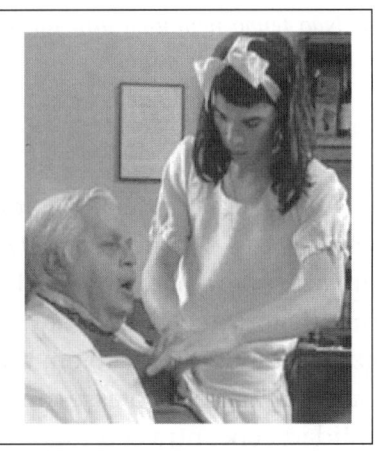

*Eufêmia: Como você vê, não posso me casar com Bibi nem homem algum.*
*Dr. Patureba: De fato, dois bicudos não se beijam (ri).*

Assim, desfaz-se o compromisso entre Bibi e Eufêmia, agora Eumacho. Porém, gera-se outro problema, pois é preciso restituir a honra de Iracema, já que as duas conviviam muito. A solução foi marcar um novo casamento entre Iracema e Eufêmia.

**Texto original**

Trata-se de uma adaptação da peça teatral de Coelho Neto, *O patinho torto*, comédia escrita em três atos. O texto foi inspirado em um artigo do jornal *Gazeta de Notícias*, número 288, de 16 de outubro de 1917, cuja epígrafe trazia os dizeres: "As surpresas da vida". A notícia continha o relato de um episódio pitoresco de uma jovem que vai ao médico, e este constata um caso de hipospadia[27]. O médico assina o seguinte atestado:

> *Atesto ter vindo ao meu consultório, acompanhado pelo pai, o cliente de nome Emilia Soares, tido, até então, como pertencente ao sexo feminino.*
> *Verifiquei, imediatamente, ao exame, tratar-se de pessoa possuindo todos os atributos de sexualidade masculina.*
> *Não tenho nenhuma dificuldade em firmar este, pois o caso não se presta à menor dúvida.*
> *Belo Horizonte, 8 de novembro de 1917.*
> *Dr. David Rabello*[28]

Além dessa notícia, é evidente a relação entre o texto de Coelho Neto e de Andersen, *O patinho feio*. Nos contos de fada, o processo de amadurecimento da criança é apresentado de forma alegórica. O patinho, que antes se julgava feio e não conseguia se inserir no meio em que se encontrava, descobre que de fato não pertence a esse mundo; ao assumir sua verdadeira identidade encontra seu lugar e a felicidade.

No primeiro ato de *O patinho torto*, há treze cenas que giram em torno dos problemas de Eufêmia: sua rebeldia, as manias, as esquisitices. O Dr. Patureba é chamado para fazer um exame em Eufêmia, mas esta insiste em conversar com o mé-

---

27. Desenvolvimento insuficiente da uretra em seu trajeto peniano, do qual resulta a abertura anormal dela na face ventral do pênis, ou no períneo (Ferreira, Aurélio Buarque de Holanda. *Dicionário da Língua Portuguesa*).

28. Este episódio foi publicado na abertura da peça *O patinho torto* (1924), como "Justificação"; a ortografia do texto foi atualizada.

dico a sós, por isso marca-se uma hora na Casa de Saúde, próxima da residência da menina. Eufêmia sente-se diferente e fala para Iracema sobre sua anomalia:

> Eufêmia: O meu segredo... (trágica). O meu segredo é horrível, Iracema! Se eu te dissesse cairias fulminada como um raio.
> Iracema: Credo! (ingenuamente) É assim grande?
> Eufêmia: É enorme!
> Iracema: Entretanto nunca me pareceu que tivesses nalma uma coisa assim.
> Eufêmia, voz cava: Não é nalma. (outro tom) E como havias tu de o descobrir se eu só agora é que dei por ele? (nervosa) Eu não me suicido, Iracema, queres saber por quê? Porque tenho medo de morrer. (de repente) Se houvesse escrito duas cartas, uma para um homem, outra para uma mulher e distraidamente, trocasse os envelopes, não seria um horror?
> Iracema, ingenuamente: Conforme.
> Eufêmia: Pois foi o que se deu comigo. (sacudindo o vestido) Este envelope não é meu.[29]

No segundo ato (16 cenas), tem-se a revelação de que Eufêmia não é mulher, é "Eumacho", para espanto de todos; a menina sofre uma metamorfose, troca as roupas femininas pelo terno e corta os longos cabelos. Há uma confusão geral quanto à sexualidade de Eufêmia, ainda meio mulher meio homem.

No terceiro ato (11 cenas), Clemente insiste na necessidade de Eufêmia casar-se com Iracema, pois as duas viviam sempre juntas e tal fato serviria de motivo para sujar a honra de Iracema, mas esta revela ao pai sua paixão pelo boticário Desidério, e Eufêmia quer "treinar" sua masculinidade. Apesar da hesitação, ambas aceitam casar-se depois de um ano.

A trajetória de Eufêmia é traçada a partir da história d'*O patinho feio*, narrada pelo próprio personagem:

---

29. Coelho Neto, Henrique M. *O patinho torto*. Porto: Livraria Chardon, 1924, p. 36.

Eufêmia: (...) Era no reino dos patos. Um dia, passando por ali um bando de cisnes e sentindo-se a rainha d'eles ligeiramente incomodada, meteu-se no mato onde descobriu um ninho cheio de ovos, exclamando logo, exultante: "Oh! que achado!" E foi como se houvesse entrado em uma Maternidade. Compreendes? (aceno afirmativo de Bibi) Os patos, porém, sentindo o inimigo, levantaram tamanha grasnada que os cisnes abalaram em alvoroço... e com eles a rainha-mãe. A pata, dona do ninho, deitou-se sobre os ovos sem dar tento em mais um que ali aparecera... e chocou-os. No tempo próprio saiu a ninhada. Entre os patinhos, porém, veio um tão esquisito, tão mal conformado e com tão comprido pescoço que se tornou, desde logo, vítima dos remoques, não só dos patos adultos como dos próprios irmãos... como direi? de leite, não: de choco. Apelidaram-no o "Patinho Torto". Pois, meu caro, o monstrengo não era nem mais nem menos que um cisne e só deu por isso quando, fugindo à perseguição dos patos, que traziam de canto chorado, achou-se, um dia, num lago, entre outros cisnes. Vendo-os e comparando-se com eles, ficou surpreendido com a semelhança, compreendendo, então, e com orgulho, que não era um aleijão, mas um lindo exemplar de animal superior, com outro porte, outra graça que não tinha os patos. (levantando-se com ar pimpão) Pois, meu caro Bibi, a minha história é, com pouca diferença, a do Patinho Torto.[30]

### Comentários e sugestões

No processo de adaptação para a TV, foi mantido, portanto, o mesmo tom humorístico do original, fundamentado na construção do engano, na configuração dos personagens. Donaira, inclusive, tem um papel importante para a elaboração de enunciados ambíguos, sugeridos nas falas e expressões.

Na passagem do texto teatral para a TV, o roteirista utilizou uma parte dos diálogos. A concepção dos personagens também não é muito diferente do original. Por isso, a leitura de ambos os textos permitirá ao aluno reconhecer que o texto

---

30. Idem, p. 97 e p. 98. Observação: foi feita uma atualização ortográfica.

teatral fornece um material cuja adaptação não requer muitas transformações. A adaptação *Os mistérios do sexo* pode ser estudada a partir das características do texto teatral e dos aspectos que "facilitam" o processo de adaptação, isto é, a presença de diálogos.

É importante também destacar a construção da identidade sexual de Eufêmia. No primeiro bloco, sabemos que é algo que ficou escondido e que começa a crescer, ou seja, trata-se do desenvolvimento do pênis. No segundo bloco, os elementos fálicos estão mais presentes, como o "passarinho", "pepino", além do vocábulo "enorme", que se refere ao órgão genital masculino. O crescimento do pênis permite a Eufêmia assumir sua sexualidade, no terceiro e último bloco.

O tom popular do texto pode ser atribuído à utilização de provérbios, inseridos para se contar um "causo", ou fofoca, proferidos por Donaira.

Na sala de aula, alguns aspectos podem ser destacados:

a) a presença de diálogos na peça teatral constitui um fator positivo no processo de adaptação;

b) não se operaram muitas atualizações pois a criação do tom humorístico é mais adequada quando inserido na mesma época retratada no texto literário;

c) os elementos fálicos podem ser discutidos do ponto de vista de sua representação e do tom malicioso que acabam impondo ao texto.

Para que o aluno perceba a importância do diálogo na composição do texto adaptado, o professor pode propor que um grupo escolha um fragmento da peça de Coelho Neto para ser gravado em vídeo e apresentado para a classe. Outro grupo pode escolher um conto e depois debater o grau de dificuldade ou facilidade na transposição de linguagens.

Também seria interessante o professor selecionar um conjunto de peças teatrais, de preferência textos não muito longos, para viabilizar a leitura em sala de aula. Os alunos escolheriam um dos textos para ser adaptado, escrevendo o roteiro e selecionando os episódios mais interessantes.

No desenvolvimento dessas atividades, o aluno perceberia a importância do discurso direto na construção da narrativa, tanto para o texto teatral quanto para o adaptado.

A crônica é outro gênero que pode ser adaptado para a TV, porém exige tomadas de decisões diferentes daquelas aplicadas para o conto e para o teatro. Por se tratar de um texto breve, com um número reduzido de episódios, a adaptação da crônica necessita de acréscimos, dependendo do tempo de duração do programa.

### 6.3. Adaptação de crônica

*6.3.1. Título:* História do passarinho.

Texto original: *História do passarinho,* de Stanislaw Ponte Preta

**Ficha técnica**
Direção: Roberto Talma
Roteiro: Geraldo Carneiro
Personagens:
Marlicene (Viviane Araújo): sonha em se tornar dançarina de pagode
Oswaldo (Pedro Paulo Rangel): taxista
Passageiro do táxi (Guilherme Karan): interpreta também outros personagens ao longo da narrativa
Mãe de Marlicene (Duse Naccarati): descrente quanto ao sucesso da filha

**Adaptação**
A história mostra a trajetória da suburbana Marlicene, cujo sonho é se tornar dançarina de pagode. Quem narra a história é o

taxista Oswaldo, que relata a seu passageiro como um passarinho ajudou a bela Marlicene a realizar seu desejo, apesar da descrença da mãe da moça[31].

As primeiras imagens são apresentadas com um movimento de câmera (*travelling*) mostrando o Rio de Janeiro. O Pão de Açúcar é um elemento identificador do local, pois se trata de um ponto turístico importante na cidade.

Há dois núcleos narrativos: um é o momento da construção do diálogo, quando temos em cenas o passageiro e o taxista, e outro é a história de Marlicene narrada pelo taxista. São personagens que representam pessoas comuns, numa situação corriqueira, isto é, o passageiro entra no táxi e durante o trajeto inicia-se uma conversa; é uma ocasião em que as pessoas "jogam conversa fora", contam um "causo".

A conversa parte da idéia de que "animal pensa e até fala" e começa com a mesma estrutura dos contos de fada: "Era uma vez uma loirinha do balacubacu....". Neste momento ocorre um corte e vemos *closes* do corpo de uma moça dançando, vestindo trajes mínimos (short e tomara-que-caia). As cenas subseqüentes irão intercalar o momento presente, isto é, no interior do táxi.

A maior parte das tomadas de cenas explora o corpo da personagem. Em uma das seqüências, ela está passando na rua diante do rapaz que vende cachorro-quente e ele fica desconcertado ("viajou na maionese") diante daquela figura com "a saúde que Deus lhe deu", observação feita pelo taxista mais de uma vez. Em seguida outros homens passam por ela e também sofrem com a visão — batem no muro, caem nos buracos da calçada. Há um exagero nas situações narradas para dar maior credibilidade aos dotes sensuais — e sexuais — da jovem que aparece com roupas transparentes, mas agora debaixo da chuva, ressaltando ainda mais suas curvas.

---

31. www.globo.com/bravagente

A nudez de Marlicene vai se tornando cada vez mais explícita. Quando ela está tomando banho, a câmera faz um movimento de baixo para cima focalizando a jovem atrás da cortina transparente — temos imagens metonímicas do corpo dela; a câmera vai se aproximando lentamente, agora com foco nos seios.

Marlicene pretende realizar seu desejo: tornar-se a loura do pagode. Para isso, ela vai ao cabeleireiro Gleber, "uma bicha louca" — como diz o taxista —, para tingir seus cabelos que "são mais negros que as asas da graúna". O passarinho surge para ajudar Marlicene, no entanto, como não está convencida de seu sucesso, ela vai consultar o pai-de-santo Creudo Caveirinha, que confirma o futuro promissor como artista e prevê o contato com muitos homens.

Um passarinho aparece para mudar a sorte de Marlicene.

Marlicene recebe do passarinho um cartão do empresário Josimar Santos. A fala do passarinho tem um duplo sentido ("pode deixar que eu vou mexer os meus pauzinhos") apontado pelo taxista ("Ih! não venha botar maldade no passarinho, com todo o respeito..."). O vocábulo "pauzinho" é interpretado como objeto fálico e ao mesmo tempo como uma maneira de ajudar por influência de outras pessoas.

Josimar recebe Marlicene com olhar perplexo diante da beleza escultural, ressaltada pelos *closes* em seu corpo. O apelo sexual, neste momento, mostra implicitamente que a jovem consegue realizar seu desejo em troca de "favores" sexuais.

No final, a mãe de Marlicene flagra a jovem na cama com um fuzileiro naval, e a forma de justificar a presença de Carlão é dizer que não é um homem que está ali, mas um passarinho. Como resultado temos um efeito cômico provocado pela inversão da natureza do conto de fadas, pois são os mais velhos que contam essas histórias para as crianças com a finalidade de organizar o mundo interior da criança.

O passarinho de Marlicene é, na verdade, Carlão.

O passarinho sofre uma "metamorfose".

**Texto original**

O texto original, *História do passarinho*, é uma crônica escrita por Stanislaw Ponte Preta (Sérgio Porto). Trata-se de uma história em que o narrador apresenta o conto escrito por Tia Zulmira — personagem-parente. Segundo Maria Célia Rua de Almeida Paulillo[32], Stanislaw Ponte Preta apresenta criações de personagens inspirados em pessoas próximas a ele, e uma delas é Tia Zulmira; destaque-se também outros dois: Rosamundo e Altamirando. Neste conto a personagem principal é uma jovem identificada por "mocinha". Essa personagem deseja fazer sucesso como artista de teatro; seu sonho começa a se realizar quando aparece um passarinho e entrega-lhe um bilhete: "Era um bilhetinho que dizia: Fila 4, Poltrona 16"[33].

A partir desse momento a sorte da "mocinha" começa a mudar pois ela acaba ingressando no meio artístico. Mas o passarinho, em certa ocasião, fez a seguinte revelação: "Era um príncipe encantado, que uma fada má transformara em passarinho"[34] e o encanto só acabaria se uma moça "bonita e feliz o levasse para sua casa e o colocasse debaixo do travesseiro"[35]. Esta foi a história que "mocinha" contou quando sua mãe a encontrou na cama com um fuzileiro naval — o suposto príncipe.

Na composição da narrativa ocorre uma inversão, pois é a filha que utiliza um texto da literatura infantil para explicar seu comportamento moral. Normalmente é a mãe que narra histórias infantis, de caráter moralizante, para estabelecer determinadas condutas. Ocorre uma troca de papéis: o dominador, isto é, o adulto que detém a situação e o saber — a mãe —, passa a ser o dominado; e o dominado — a "mocinha" — controla a situação dando uma explicação com os mesmos elementos simbólicos utilizados pelo adulto.

---

32. Paulillo, Maria Célia Rua de. O cronista do bom humor. In: *Literatura comentada*. São Paulo: Abril, 1981.
33. Preta, Stanislaw Ponte. *O melhor de Stanislaw Ponte Preta*. 5. ed. Rio de Janeiro: José Olympio, 1994, p. 10.
34. Idem, p. 11.
35. Idem, p. 11.

Uma das funções de textos direcionados para o público infantil é promover uma aprendizagem social. A criança não teria condições de, sozinha, compreender todo o universo que está à sua volta, por isso "é preciso lançar mão de estratégias concretas e próximas à vivência cotidiana da criança, para que, por contigüidade, se possa fazer a transferência e a aprendizagem do conceito"[36].

Na literatura infantil, o processo de amadurecimento sexual passa pela repulsa da menina pelo noivo-animal, pois apresenta a idéia de que o desenvolvimento da sexualidade se configura em momentos difíceis. É uma fase de transformação tanto para a menina quanto para o menino, já que ele também sofre uma metamorfose. A origem nobre do príncipe encantado deverá proporcionar um *status* para a princesa.

Na história do *Rei sapo*[37], o noivo-animal é transformado em sapo por uma fada má (ou bruxa); para desfazer o feitiço ele precisa que uma jovem bonita o leve para a cama por três semanas, tempo necessário para a iniciação sexual.

**Comentários e sugestões**

A iniciação na vida sexual não seria necessária nem no texto da TV nem no texto de Stanislaw, pois Marlicene apresenta um grau de sensualidade, muito longe de nos parecer ingênua. Aqui, ingênua é a mãe que acredita na história do passarinho. A troca do animal também possui uma conotação sexual, pois carrega a simbologia do órgão genital masculino. Nas cenas finais, Marlicene o coloca sobre o corpo, representando, desta maneira, o ato sexual.

Há, nesta adaptação, o apelo à nudez de Marlicene, muito ao gosto do público. Mas, além desse aspecto, existem outros que podem enriquecer a leitura deste texto, tais como:

---

36. Palo, Maria José & Oliveira, Maria Rosa. *Literatura infantil. Voz da criança*. 3. ed. São Paulo, Ática, 1998, p. 6.

37. Bettelhem, Bruno. *A psicanálise dos contos de fadas*. 15. ed. São Paulo: Paz e Terra, 2001.

a) o caráter cômico sobretudo na construção de personagens vividos por Guilherme Karan (passageiro, cabeleireiro, pai-de-santo, empresário); foram criados novos personagens, diferentes de outras adaptações em que ocorre redução ou fusão; neste caso, para compor o tempo de exibição, que não chegou a trinta minutos, foi necessária a ampliação da trama;

b) o uso de expressões populares, a linguagem coloquial, principalmente do taxista ("probrema"), podem ser explorados a partir da construção dos diferentes personagens e da questão dos níveis de linguagem;

c) sobre a paródia dos contos de fada, os alunos, orientados pelo professor, podem escolher um conto para adaptar. Nesse movimento de reescritura é importante criar elementos de atualização; como seria recontar a história de *A Bela e a Fera* nos dias atuais? (ver o desenho animado *Shrek*).

O professor pode propor aos alunos uma nova adaptação para o texto de Stanislaw Ponte Preta, em que seja necessária a atualização dos dados, como, por exemplo, o universo de expectativas dos jovens — loira do pagode, modelo, cantora do grupo Rouge etc. Ou fazer um movimento temporal inverso, isto é, ambientar a história em épocas passadas.

A criação de novos episódios também mostraria para o aluno que é necessário reconhecer o clima da narrativa, para compor de modo coerente outras situações.

O romance, ao contrário da crônica, não necessita de acréscimos, e sim de reduções, ou seja, quando o romance é adaptado muitos dos episódios são eliminados durante o processo de transposição devido à extensão da narrativa. Na TV, a questão temporal torna-se um fator essencial porque afeta o problema do custo da produção.

Alguns romances foram transportados para telenovelas e minisséries, gêneros talvez mais indicados para a adaptação do romance, porém envolvem um grande investimento na produção de cada capítulo. Romances de época, por exemplo, são muito caros devido ao figurino, à locação etc.

O romance adaptado para programas mais curtos, como aqueles exibidos na série *Brava Gente*, sofre reduções sem perder a qualidade; neste processo o que importa é a coerência do texto.

### 6.4. Adaptação de romance

*6.4.1. Título:* A bagaceira.

Texto original: *A bagaceira*, de José Américo de Almeida

**Ficha técnica**
Direção: Denise Saraceni e Luís Henrique Rios
Roteiro: João Emanuel Carneiro
Personagens:
Soledade (Leandra Leal): retirante de vinte e poucos anos, encanta Dagoberto e Lúcio
Valentim (Celso Frateschi): pai de Soledade, é um homem íntegro e defende a honra da filha matando o patrão Dagoberto
Dagoberto (Lima Duarte): pai de Lúcio e viúvo de uma retirante, se envolve com Soledade
Lúcio (Ângelo Paes Leme): filho de Dagoberto com uma retirante, acaba se apaixonando por Soledade
Mulher de Lúcio (Joana Limaverde): vive com o marido e seus dois filhos na fazenda
Xiname (Cacá Carvalho): trabalha na fazenda de Dagoberto
Feitor (Marcelo Escorel): homem rude, obedece às ordens do patrão Dagoberto

**Adaptação**

*A bagaceira* conta a história de dois homens, pai e filho, que têm suas vidas transformadas após a chegada de uma bela retirante, Soledade. Ela e o pai Valentim, juntamente com o grupo que os acompanha, recebem abrigo numa grande fazenda, onde vivem o sisudo Dagoberto e seu filho Lúcio. Lúcio é um moço educado na cidade grande, de bons sentimentos e sensível. Já Dagoberto é um homem rude e vive sozinho com o filho na fazenda. Ambos ficam fascinados pela brejeirice de Soledade, seu ar juvenil e sua beleza[38].

A adaptação foi apresentada em três blocos e, dos textos estudados aqui, foi o que mais sofreu reduções, por ter sido inspirada num romance.

A primeira imagem que temos é do casarão, em PG. Em seguida, Lúcio, olhando o retrato de Soledade, começa a lembrar de sua história.

Lúcio chega ao casarão e pede a benção de Dagoberto. Na relação entre eles estabelece-se uma hierarquia percebida a partir do posicionamento de ambos na mesa, na hora do almoço. Dagoberto está na ponta da mesa e Lúcio do outro lado da mesa, mas não ocupa a outra ponta.

Chegam os retirantes, entre eles Soledade e Valentim. Nestas cenas também verificamos uma hierarquia. As imagens de Lúcio e Dagoberto são produzidas com a finalidade de atribuir-lhes um grau de superioridade, já as imagens dos retirantes mostram uma posição de inferioridade.

Lúcio e Dagoberto no detalhe em *cp*.

---

38. www.globo.com/bravagente

Dagoberto deixa que Soledade e Valentim se instalem no rancho de Xiname. Aqui também percebemos a autoridade de Dagoberto diante de Manuel, o capataz da fazenda. A atitude de Dagoberto intriga Lúcio:

*Lúcio: Por que você fez isso, meu pai?*
*Dagoberto: Isso o quê?*
*Lúcio: Arranchar essa gente?*
*Dagoberto: Gostei do pai!*

Mais tarde veremos que o interesse de Dagoberto é por Soledade.

No canavial, Soledade leva a comida para o pai e todos cobiçam a beleza da jovem. Lúcio também a admira, por isso desenha-lhe um retrato. É o início do romance entre os dois. Soledade, em outras cenas, tentará seduzi-lo, porém ele repudiará todas as vezes pois reconhece a honra do sertanejo e não quer imacular a pureza de Soledade.

Dagoberto também tenta seduzir Soledade e a possui. Essa posse é mostrada metaforicamente:

*Dagoberto: Você não tem mais idade de estar trepando em cajueiro, minha filha (Soledade está em cima do cajueiro e há um destaque para partes de seu corpo).*
*Soledade: Você acha ruim que eu apanhe caju?*
*Dagoberto: Não! Se você me der... um! (a demora em completar a frase sugere que o desejo não é pelo caju, mas por Soledade).*

Soledade desce do cajueiro e dá o caju para Dagoberto, que pega a mão de Soledade com força, toma a fruta, mordendo-a com voracidade e desejo.

No segundo bloco, Soledade está chorando e Lúcio chega para conversar com Valentim, que lhe conta sua história: a seca, o percurso até a fazenda.

O romance entre Lúcio e Soledade continua se desenvolvendo com cenas cada vez mais sensuais. Soledade está dentro do rio e chama Lúcio; os dois brincam na água. Depois se deitam no mato, se beijam:

> A seqüência tem início no final da tarde; à noite, Soledade beija Lúcio mas este resiste e afasta Soledade.
> "Lúcio: só depois do casamento".

> Soledade não acredita nas palavras de Lúcio e foge.

No terceiro bloco, Dagoberto não aceita o romance entre Lúcio e Soledade.

> *Dagoberto: Por que é que eu fui tirá-lo da bagaceira...*
> *Lúcio: Eu a amo, eu a amo.*
> *Dagoberto: ... Nem bonita ela é!*
> *(...)*
> *Lúcio: Ela é como minha mãe. Não sei por que tamanha indignação, meu pai!*
> *Dagoberto: Ela não pode ser sua esposa, não pode.*
> *Lúcio: Por quê?".*

A partir deste momento as cenas são intercaladas entre o diálogo de Dagoberto e Lúcio, e de Soledade e Valentim. Revela-se que Dagoberto violentara Soledade.

Lúcio parte para a cidade e Dagoberto novamente vai atrás de Soledade quando chega Valentim e o mata, em seguida Soledade mata o pai.

Nas últimas cenas voltamos ao tempo presente de Lúcio — dez anos depois do episódio — com sua família.

Imagens em PA, *cp*, da família de Lúcio.

Soledade retorna à fazenda com o rosto envelhecido pela vida e pelo sol.

Lúcio quase não reconhece Soledade e se espanta ao ver seu irmão.

> Soledade deixa o filho e segue seu caminho.

No desfecho, Lúcio admira o retrato de Soledade e fala para a esposa:

*"Lúcio: É Soledade... um antigo amor... (close em Lúcio, em seu rosto corre uma lágrima) de meu pai.*

**Texto original**

O texto original *A bagaceira*, de José Américo de Almeida, foi escrito em 1928, e deu ao seu autor o devido reconhecimento pela atitude literária, ao compor um texto cuja linguagem, estilo e tema refletem a vida do homem do sertão, seus valores, seus costumes.

O texto de José Américo gira em torno da relação entre Dagoberto, Lúcio e Soledade. Pai e filho reconhecem na jovem a figura da esposa e da mãe, por isso vão disputá-la num jogo nada aparente; aliás, o narrador apresenta o desenvolvimento do romance entre Lúcio e Soledade, mas omite os desejos de Dagoberto. Nessa dupla trajetória amorosa sobrepõe-se o lugar de confronto entre o brejeiro e o sertanejo, para mostrar o homem da terra. O mito do sertão prevalece, pois a defesa da honra torna-se imprescindível, é por isso que Lúcio corteja Soledade, para não transgredir essa ordem moral; mas Dagoberto a possui num ato violento, que não é narrado explicitamente, é citado pelo próprio senhor de engenho. Assim, para salvar a honra de Soledade, Lúcio rejeita esse amor.

Segundo Silviano Santiago, *A bagaceira* possui dois modos narrativos: um que "fala demais"[39], por isso não permite ao leitor formulações interpretativas muito complexas, e outro que "fala de menos", deixando o leitor livre para completar as lacunas produzidas pelas reticências. Isso significa dizer que encontramos alguns aspectos muito bem marcados na construção da narrativa, como a relação pai-filho, cujo conflito se revela durante os momentos de encontro na hora da refeição; também a relação entre o senhor de engenho e os trabalhadores é colocada explicitamente para o leitor, ou seja, a supremacia do senhor esmaga o serviçal; os encontros entre Lúcio e Soledade não apenas são presenciados pelo leitor, como também aparece a maior parte das vezes sob o olhar de Pirunga, primo de Soledade. Já a trajetória de Dagoberto com Soledade é omitida na quase totalidade do romance, o leitor tem somente uma visão parcial, sugerida, somente revelada por Dagoberto.

Soledade é o centro do conflito tanto pela disputa provocada entre pai e filho quanto pelo desconcerto de seu grau de parentesco:

> — Não! Não se casará com a retirante! Corto a mesada, boto pra fora de casa!... Tinha que ver!...
> Lúcio não se conteve que não obtemperasse:
> — Por ser retirante, não. O senhor não casou com minha mãe?
> — E a que vem isso? Sua mãe não era mundiça!
> — Não diga isso, meu pai!
> — Não diga o quê?!
> — Se minha mãe não era retirante, Soledade também não é...
> — Lembrou-lhe o cajueiro do alameda — o de galhos nascidos do mesmo tronco com destinos desiguais.
> E revelou:
> — O pai de Soledade não é irmão do pai de minha mãe? Pois, então?

---

39. Santiago, Salviano. *Uma literatura nos trópicos*. São Paulo: Perspectiva, 1978.

Dagoberto desconcertou-se:

— É pura mentira!

E Lúcio não retrucou: limitou-se a esticar o dedo para o retrato desbotado. E, como permanecesse o silêncio pesado, comparou:

— Veja aquela boca... aquela testa!

Eram os caracteres físicos da consagüinidade sertaneja, da raça que fixara estreme de recruzamentos impuros.

O senhor de engenho confessou, evocativo:

— Como de fato. Ele veio em 77...

Mas emendou o efeito dessa confissão, formando o contraste:

— Era um sertanejo de condição. Trouxe haveres. Não era um leguelhé... Dava de costas, de vez em quando, com o passo agitado, como se intentasse sair e, voltando, reatou:

— Não há termo de comparação...

Mas, concentrou-se, tirou o retrato da parede, mirou-o e remirou-o e murmurou abatido:

— Eu devia ter adivinhado... Quando a vi pela primeira vez, foi essa semelhança que me levou a lhe dar morada...

(...)

— Meu pai desonrou minha família, prostituiu minha prima, tomou minha noiva."[40]

Assim o antagonismo entre Dagoberto e Lúcio ocorre no plano amoroso e no moral. Soledade, por sua vez, representa a esposa e a mãe, cujo destino é o abandono e a solidão, tal como encontramos no significado de seu nome, pois SOledade significa lugar ermo, deserto, solidão, tristeza.

**Comentários e sugestões**

O grau de parentesco não ocorre na adaptação. A relação que se estabelece é a rivalidade entre o pai e o filho. Ambos

---

40. Almeida, José Américo de. *A bagaceira*. São Paulo: Círculo do Livro, 1980, pp. 123-124.

desejam Soledade, mas Lúcio, consciente da necessidade de se manter a honra do sertanejo (mito do sertão), não a toma mesmo seduzido por ela. Já com Dagoberto é diferente, ele impõe sua figura autoritária, portanto sente-se livre para possui-la mesmo contra a vontade dela.

Assim, os motivos conflitantes do romance são reduzidos na TV, mas isso não quer dizer que houve distanciamento muito grande do original. Na TV, reconhecemos algumas falas extraídas do romance, como de Dagoberto ("Nem bonita ela é!") e de Valentim ("O que tem de acontecer, tem muita força!"). A expressão utilizada por Valentim aparece mais de uma vez no texto original e na TV para mostrar a força do destino e, sobretudo, da necessidade de defender a honra de Soledade.

Seria interessante os alunos verificarem a composição do enredo nos dois textos. Certamente a redução será notada por eles; o mais importante é discutir por que alguns acontecimentos não foram levados para a TV, e perceber que a escolha do eixo dramático determina as reduções. Neste caso, a narrativa gira em torno da formação do triângulo amoroso Lúcio/Soledade/Dagoberto.

A relação amorosa entre os três personagens encobre outro conflito muito presente no texto original, que é a miséria vivida pelos retirantes. Na sala de aula seria interessante resgatar a caracterização dos retirantes feita pelo narrador e compará-la com as imagens.

Para isso, pode-se extrair um fragmento da obra de José Américo e analisar com os alunos:

> Era o êxodo da seca de 1898. Uma ressurreição de cemitérios antigos — esqueletos redivivos, com aspecto terroso e o fedor das covas podres.
> Os fantasmas estropiados como que iam dançando, de tão trôpegos e trêmulos, num passo arrastado de quem leva as pernas, em vez de ser levado por elas.

Andavam devagar, olhando para trás, como quem quer voltar. Não tinham pressa em chegar, porque não sabiam aonde iam. Explusos do seu paraíso por espadas de fogo, iam, ao acaso, em descaminhos, no arrastão dos maus fados.
Fugiam do sol e o sol guiava-os nesse forçado nomadismo.
Adelgaçados na magreira cômica, cresciam, como se o vento os levantasse. E os braços afinados desciam-lhes aos joelhos, de mão abanando.
Vinham escoteiros. Menos hidrópicos — doentes da alimentação tóxica — com os fardos das barrigas alarmantes.
Não tinham sexo, nem idade, nem condição nenhuma. Eram retirantes. Nada mais.
Meninotas, com as pregas da súbita velhice, careteavam, torcendo as carinhas decrépitas de ex-voto. Os vaqueiros másculos, como titãs alquebrados, em petição de miséria. Pequenos fazendeiros, no arremesso igualitário, baralhavam-se nesse anônimo aniquilamento.[41]

A descrição dos retirantes — homens, mulheres, crianças — leva à visão da miséria, basta destacar as expressões utilizadas para caracterizá-los: "fantasmas estropiados", "trôpegos e trêmulos", "magreira cômica", "carinhas decrépitas".

Na seleção de imagens pode-se tomar as cenas em que os retirantes aparecem no início do programa.

Pelas imagens é difícil saber quem são os jovens e quem são os velhos.

---

41. Almeida, José Américo de. *A bagaceira*. São Paulo: Círculo do Livro, 1980, pp. 9-10.

Todos possuem o mesmo "aspecto terroso", unindo-os num "anônimo aniquilamento". Nessa condição, o que os faz mover-se é o sol ("o sol guiava-os nesse forçado nomadismo"), outro forte elemento presente no texto literário e pouco explorado na TV. O próprio nome de Soledade contém esse sol que os acompanha durante a trajetória. O destaque para a luminosidade está presente nas cenas de amor entre Soledade e Lúcio, construindo momentos de grande beleza cromática.

Na sala de aula é possível desenvolver o seguinte estudo:

a) levantamento das disjunções e conjunções; destaque para as escolhas do roteirista;

b) análise da construção do triângulo amoroso, comparando elementos verbais e visuais;

c) análise da caracterização dos retirantes no texto original e comparação com as imagens;

d) análise das imagens que atribuem superioridade ou inferioridade aos personagens;

e) análise da presença/ausência do sol.

Com este estudo, o aluno verificará que existem diferenças no movimento de transposição dependendo do gênero literário. O romance é aquele que sofre maior redução do que os outros textos apresentados anteriormente.

A poesia é outro gênero literário cujo processo de transposição requer mudanças nas estratégias de construção da narrativa, talvez por isso não tenha inspirado muitas adaptações.

### 6.5. Adaptação de poesia

*6.5.1. Título:* Lira paulistana.

Texto original: *Lira paulistana*, de Mário de Andrade

**Ficha técnica**

Direção: Cláudio Torres, da produtora Conspiração Filmes
Roteiro: Alexandre Machado e Fernanda Young
Núcleo: Guel Arraes
Personagens:

Pedro (Matheus Nachtergaele): psicopata de trinta e poucos anos que se dirige às suas vítimas usando a linguagem da poesia modernista, de 1922

Sardinha (Selton Mello): policial-detetive, jovem

Guaraci (Paulo Betti): policial-detetive, cinqüentão

Jaci (Fernanda Torres): primeira vítima de Pedro, linda e inocente, é esquartejada por uma serra

Catiti (Drica Moraes): segunda vítima de Pedro, do Paraná, é salva pelos policiais

Mãe (Maria Luisa Mendonça): mãe de Pedro, alcoólatra, jovem e acabada, jamais fez um carinho no filho

Pai (Antônio Grassi): pai de Pedro, homem rude e sempre bêbado, corta um dedo do filho na serra elétrica, quando ainda era criança

**Adaptação**

> *Lira paulistana* é um *thriller* com humor negro, dinâmico e divertido, que conta a triste história de Pedro, um psicopata que ataca suas vítimas usando a linguagem do Movimento Modernista, ocorrido em 1922, e segue à risca as máximas do Manifesto Antropofágico (entenda-se: comer carne humana). Quando menino, Pedro era maltratado e ignorado pelos pais, ambos alcoólatras e rudes. O pai, totalmente embriagado, chegou a amputar o dedo do filho na serra elétrica, quando ele ainda era criança. Na escola, Pedro só conseguiu aprender, com muita dificuldade, as letras a, e, i, o, u e os colegas caçoavam dele por isso. Adulto, Pedro conhece a poesia modernista através do livro *Lira paulistana*, de Mário de Andrade.

Pedro encontra Jaci, uma moça linda e inocente, e ambos acabam se envolvento. Impulsionado pelo Manifesto Antropofágico, Pedro amarra Jaci e marca-lhe o corpo como se ela fosse uma vaca para o corte, em seguida retalha a jovem com uma serra. Depois deste primeiro caso, entram em cena os policiais-detetives Sardinha e Guaraci, que investigam o paradeiro do criminoso seguindo pistas deixadas por ele. Através de um poema do livro Lira paulistana, os investigadores vão descobrindo os passos do assassino.

A segunda vítima é Catiti, uma paranaense de visita a São Paulo que acaba seduzida por Pedro. Ela, no entanto, teve mais sorte que Jaci, pois é salva pelos policiais momentos antes de ser esquartejada[42].

O programa foi exibido em três blocos, bem ao estilo de outro, *Linha Direta*, apresentado pela mesma emissora, e dos filmes de ação policial.

Nas primeiras imagens temos um *travelling* sobre a cidade de São Paulo, com seus prédios altos; no céu aparece somente os olhos do personagem principal, Pedro, e o texto expresso pela voz em *off*:

*Em 1989, a cidade de São Paulo foi vítima de um maníaco homicida.*
*Das sete mulheres atacadas apenas uma sobreviveu para contar.*

Em seguida, Pedro observa Jaci que está no parque e lê um fragmento de *Lira paulistana*:

*Agora eu quero cantar*
*Uma história muito triste*
*Que nunca ninguém cantou*
*A triste história de Pedro,*
*Que acabou qual principiou*

---

42. www.globo.com/bravagente

Pedro aproxima-se de Jaci:

*Pedro (olhando para o livro): Ah!... eh!...*
*Jaci: Mário de Andrade.*
*Pedro: Ih!*
*Jaci: Você gosta de Mário de Andrade?*
*Pedro: Ôh!*
*Jaci: Gosta mesmo?*
*Pedro: Uh!*

Os dois iniciam um relacionamento, mas Jaci percebe que Pedro fala apenas a, e, i, o, u. Neste momento o olhar de Pedro se transforma: passa a ser assustador. Então, ele mata a jovem e mutila o corpo dela.

Sardinha e Guaraci são os policiais que trabalham nas investigações. No local onde estava o corpo foi encontrado um livro, Lira paulistana. O exemplar apresentava marcas de sangue na página do poema sobre Pedro.

O Canibal do Centro havia cortado a alcatra, o filé mignon e o traseiro. Em seguida aparece Pedro vendendo churrasquinho em frente a um estádio de futebol.

A partir da leitura do poema, o jovem Sardinha começa a desvendar o mistério. Na visão do detetive, o assassino teria se identificado com a história narrada no poema. O ceticismo de Guaraci entrará em choque com a visão de Sardinha, agora mais preocupado com a leitura de obras publicadas pelos poetas e escritores modernistas, como os poemas de Mário de Andrade e o Manifesto Antropofágico, de Oswald de Andrade.

Na passagem de um bloco para outro, projeta-se o que virá a seguir. São apresentados textos e imagens, como nas chamadas de filmes de ação. Temos:

- do primeiro para o segundo bloco:

    *no próximo bloco* (imagem da primeira página do jornal "A notícia Paulista" com destaque para a manchete "Canibal ataca São Paulo"

*sexo* (imagens de Pedro com Jaci)
*serra elétrica* (imagens da serra elétrica)
*explicações* (*flashes* do detetive Sardinha);
- do segundo para o terceiro bloco:
+ *sexo* (imagens de Pedro com Catiti)
*ação* (imagens de Sardinha armado, entrando no apartamento de Pedro)
*e poesia concreta* (imagens de Pedro no concreto fresco).

Esta é uma estratégia para manter o telespectador interessado; vale lembrar que logo após um dos blocos, aparece a chamada do programa *Linha Direta*.

No segundo bloco, a trajetória de Pedro concentra-se na sua relação com Catiti. Com a moça paranaense ele se comunica através de palavras proparoxítonas ("mágico", "lírico", "poético", "lógico", "máximo").

Os dois vão para o apartamento e no momento em que estão tendo relações sexuais, Pedro tenta estrangulá-la, mas é salva pelos detetives que arrombam a porta.

Pedro pula da janela e inicia-se a perseguição; o confronto ocorre como nos filmes policiais:

Pedro sobe no andaime de uma construção;

é encurralado por Guaraci;

mas reage;

Sardinha chega para prender Pedro.

Pedro se joga no concreto fresco ao ver a imagem de Jaci, e suas últimas palavras são: "O poeta é um mundo trancado num homem, Vitor Hugo". Morre segurando o livro *Lira paulistana*, de Mário de Andrade.

O programa termina com o seguinte diálogo:

*Catiti: Ele morreu?*
*Sardinha: Morreu!*
*Guaraci: Antes ele do que eu! (risos)*

**Texto original**

A base da adaptação é um dos poemas da obra *Lira paulistana*, de Mário de Andrade, embora apresente ao longo do programa outras referências literárias.

O poema narra a trajetória de Pedro, um menino que nasce sem muito amor ou atenção do pai e da mãe: "Engatinhou logo/ Mas muito tarde falou;/ Ninguém falava com ele, /Quando chorava era surra/ E aprendeu a emudecer[43].

Na vida sem afeto, Pedro vislumbra a serra:

Por trás do quarto alugado
Tinha uma serra muito alta
Que Pedro nunca notou,
Mas um dia desses, não
Se sabe porquê, Pedrinho
Para a serra se voltou:
— Havia de ter, decerto,
Uma vida bem mais linda
Por trás da serra, pensou[44].

Aos quinze anos, Pedro perdeu um dedo na serra, quando trabalhava, mas não ficou com ódio:

---

43. Andrade, Mário. *Poesias completas*. Belo Horizonte-Rio de Janeiro: Villa Rica, 1993, p. 372.
44. Idem, p. 373.

Vida que foi de trabalho,
Vida que o dia espalhou,
Adeus bela natureza,
Adeus, bichos, adeus, flores,
Tudo o rapaz obrigado
Pela oficina, largou.
Perdeu alguns dentes e antes,
Pouco antes de fazer quinze
Anos, na boca da máquina
Um dedo Pedro deixou.
Mas depois de mês e pico
Ao trabalho ele voltou,
E quando em frente da máquina,
Pensam que teve ódio? Não!
Pedro sentiu alegria!
A máquina era ele! a máquina
Era o que a vida lhe dava!
E Pedro tudo perdoou[45].

Viveu do trabalho, teve amores e seu destino foi como o de qualquer outro:

Por trás do túmulo dele
Tinha outro túmulo... Igual[46].

**Comentários e sugestões**

A mistura do tom poético com a violência e o humor faz desta adaptação um texto rico para as discussões em sala de aula.

Como pudemos notar, a adaptação sofreu modificações na caracterização do personagem Pedro e sua trajetória. Os episódios coincidentes estão contidos nas estrofes 1 (introdução), 2 (circunstâncias do nascimento), 3 (infância), 4 (presen-

---

45. Idem, p. 374.
46. Idem, p. 377.

ça da serra de montanha), e 9 (perda do dedo na serra elétrica). A partir da perda do dedo a trajetória de Pedro, na TV, se diferencia de Pedro, no poema.

O episódio doloroso faz com que o menino sofra uma simbiose com a máquina (serra elétrica), causando-lhe um trauma que mais tarde resultará nas suas atitudes psicopatas. O Canibal do Centro, como é chamado pelo repórter, segue o sentido literal do Manifesto Antropofágico — na visão de Sardinha — utilizando a carne de suas vítimas.

O efeito cômico no interior do texto, cuja temática é a violência, ocorre com a mistura da linguagem poética com a linguagem policial. Os termos são interpretados considerando-se a ambigüidade do texto literário.

Sardinha entra na delegacia com o livro *Lira paulistana* porque acredita ser uma pista:

> *Guaraci: Ah! um livro! virou intelectual agora?*
> *Sardinha: Não! não é um livro! é o livro! o livro que estava lá no beco! Manifesto Antropofágico: "Só a Antropofagia nos une. Socialmente. Economicamente. Filosoficamente." Oh! Guaraci, presta atenção! é importante!*
> *Guaraci: Eu tô prestando. Manifesto Antropófago.*
> *Sardinha: Antropofágico!*
> *Guaraci: Mas qual a diferença?*
> *Sardinha: Antropófago é quem come carne humana. Antropofágico é no sentido figurado.*
> *Guaraci: Eles não comiam ninguém?*
> *Sardinha: Só no sentido figurado!*
> *Guaraci: Qual é o nome dos dois?*
> *Sardinha: Mário de Andrade e Oswald de Andrade.*
> *Guaraci: Irmãos!*
> *Sardinha: Não eram parentes.*
> *Guaraci: É o que eles dizem. Nós levamos os dois pra DP e arrancamos a confissão!*
> *Sardinha: Estão mortos!*
> *Guaraci: Mortos? os dois?*

*Sardinha: Os dois.*
*Guaraci: Queima de arquivo! coisa de gang... eles eram perigosos?*

O total desconhecimento do detetive Guaraci sobre o Movimento Modernista torna o diálogo cômico. Na sala de aula é imprescindível um estudo sobre esse movimento literário para que o aluno compreenda o humor deste trecho a partir do caráter polissêmico do texto, contido no vocábulo "antropofágico".

A duplicidade de sentido também pode ser discutida analisando-se um dos diálogos entre Jaci e Pedro, quando estão lendo a obra de Mário de Andrade.

*Jaci: Não é!*
*Pedro: É...*
*Jaci: Não é!*
*Pedro: É...*
*Jaci: É serra de montanha*
*Pedro: A... a*
*Jaci: Pouco antes de fazer quinze/Anos, na boca da máquina/ Um dedo Pedro deixou", é... pode ser serra de serrar, sim!*
*Pedro: É!*

O vocábulo serra é tomado nas suas acepções: "instrumento cortante, que tem como peça principal uma lâmina ou um disco dentado de aço; cadeia de montanhas com muitos picos e quebradas"[47].

A serra elétrica está presente desde a infância de Pedro; das montanhas, Pedro viu apenas a fotografia de uma paisagem.

Esta ambigüidade também é discutida em outro momento, nos diálogos entre Guaraci e Sardinha; ao considerar a serra como máquina elétrica, Sardinha deduz que o assassino te-

---

47. Ferreira, Aurélio Buarque de Holanda. *Dicionário da língua portuguesa*. Rio de Janeiro: Nova Fronteira, 1995.

nha se identificado com o poema porque, provavelmente, também perdera um dedo.

Levantados esses aspectos, o professor pode iniciar o trabalho em sala de aula:

a) verificar a construção do enredo da adaptação;

b) analisar o poema de Mário de Andrade e o Manifesto Antropofágico, de Oswald de Andrade;

c) levantar os momentos em que a linguagem poética é tratada a partir de seu caráter polissêmico;

d) analisar a construção dos personagens Sardinha e Guaraci, considerando as estratégias de investigação adotadas pelo primeiro;

e) analisar a construção do personagem Pedro, suas expressões faciais e linguagem;

f) analisar as relações entre a violência e o humor com a linguagem poética;

g) comparar a concepção de imagens com o programa *Linha Direta*, ou similar, e com filmes policiais.

O aluno notará que a poesia é, de fato, um gênero que exige maiores adequações para ser transportado para outra linguagem.

O professor pode estimular o estudo da poesia a partir da proposta de adaptação, fazendo com que o aluno perceba as especificidades da linguagem poética e da linguagem da TV.

Através do estudo realizado até este momento já é possível verificar que a escolha do texto original é um fator decisivo no processo de transposição. Alguns gêneros permitem, inclusive, a mescla de textos na adaptação, como é o caso do conto e do teatro.

### 6.6. Adaptação de conto e peça teatral

*6.6.1. Título:* História de Carnaval.

Textos originais: *A morte da porta-estandarte*, de Aníbal Machado, e *Otelo*, de William Shakespeare.

**Ficha técnica**
    Direção: Herval Rossano
    Roteiro: Tiago Santiago
    Personagens:
    Rosinha (Juliana Paes): porta-bandeira da escola de samba
    Marcelo (Norton Nascimento): diretor da escola de samba e marido de Rosinha
    Armandinho (Raul Gazola): mestre-sala da escola de samba
    Tiago (Edson Montenegro): integrante da escola de samba
    Emília (Cláudia Mauro): amiga de Rosinha e esposa de Tiago
    Rodrigo (Alexandre Henderson): amigo de Tiago; candidato a mestre-sala
    Cláudio (Nelson Freitas Junior): integrante da escola de samba

**Adaptação**
*História de Carnaval*

> Conta a trágica história de amor de Rosinha e Marcelo, personagens do mundo do samba. Ela é porta-bandeira da escola da qual Marcelo, seu marido, é o diretor. Com inveja e raiva de Marcelo, por não ter recebido o ponto do bicho que queria, Tiago arma uma intriga e induz Marcelo a acreditar que Rosinha e o mestre-sala Armandinho estão tendo um caso.[48]

Na TV, as primeiras cenas são do ensaio da escola de samba. Logo em seguida temos Armandinho e a mulher de Cláudio, em *cp*, numa cena provocante, pois a jovem está com um vestido curto.

---

48. www.globo.com/bravagente

Cláudio desconfia e inicia-se uma briga.

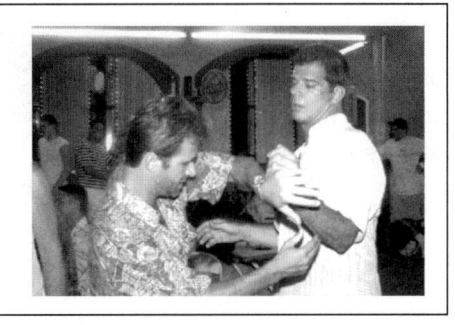

Essa briga é motivo para que Marcelo substitua Armandinho, mestre-sala da escola, por Rodrigo. Rosinha intercede e tenta convencer Marcelo a voltar atrás.

Os acontecimentos propiciam a Tiago o início de sua vingança contra Marcelo, por não lhe conceder um ponto do bicho. Tiago sabe da paixão de Marcelo por Rosinha, sua esposa, por isso começa a alicerçar um plano: sugere uma suposta traição.

Para forjar as provas, Tiago rouba o anel de Rosinha — presente de Marcelo — e é flagrado por Emília. Rosinha não encontra mais o anel e fica desesperada porque sabe que Marcelo irá se zangar.

Marcelo se convence de que Rosinha dera o anel para Armandinho — idéia sugerida por Tiago. A falsa prova vale como testemunho pois Armandinho presenteara o anel a uma outra mulher.

Rodrigo sofre um assalto, forjado por Tiago, e Marcelo é obrigado a permitir a participação de Armandinho no desfile.

> Rosinha não atende ao pedido do marido e vai para o desfile com Armandinho.

Marcelo pede a Rosinha, como prova de amor, que não desfile, assim desfazendo toda a sua desconfiança.

Diante do fato de que Rosinha desfila e acreditando na falsa prova, Marcelo mata Rosinha. Emília desvenda toda a trama de Tiago pois é a única que conhece a verdade.

**Texto original**

Esta adaptação foi inspirada no conto *A morte da porta-estandarte*, de Aníbal Machado e *Otelo*, de Shakespeare. O ciúme e a vingança são os sentimentos geradores de toda a intriga. Do conto de Aníbal Machado temos a narrativa da história de Rosinha, assassinada por seu namorado ciumento. Da peça de Shakespeare, o ciúme de Otelo é construído pelas intrigas de Iago que, por vingança, vai forjando uma série de provas.

No conto de Aníbal Machado, o narrador, onisciente, apresenta o estado emocional do negro, cujo ciúme cresce a cada momento em que imagina a chegada triunfal de Rosinha, porta-bandeira do cordão. Acompanhamos o negro até a construção da dúvida cruel que paira em sua mente, gerada por uma certeza: todos cobiçarão a beleza de Rosinha: "sua agonia vem da certeza de que é impossível que alguém possa olhar Rosinha sem se apaixonar"[49]. Instala-se, desse modo, o conflito entre o

---

49. Machado, Aníbal. *A morte da porta-estandarte*. 13. ed. Rio de Janeiro: José Olympio, 1989, p. 224.

fato real e o fato imaginado, em que a fantasia se sobrepõe ao testemunho, condição essencial para a constatação do fato.

Nesse ponto de tensão interior, o narrador omite o encontro entre o negro e Rosinha, criando uma expectativa quanto ao crime ocorrido na avenida: uma moça fôra assassinada, e não sabemos ainda sua identidade. A perspectiva da narrativa é desviada, pois as digressões do negro quanto à fidelidade de Rosinha são interrompidas e o foco volta-se para a moça assassinada.

Se de um lado a demora na revelação da identidade da moça retarda o desfecho, de outro produz uma dinâmica através do uso da técnica cinematográfica, isto é, de *flashes* de cenas; o foco passa por breves relatos de mães cujas filhas possuem características semelhantes às de Rosinha, portanto a moça assassinada poderia ser qualquer uma, assim como o negro, já que não é identificado por um nome.

Cada mãe sai aliviada por não encontrar a filha morta e, por fim, revela-se a identidade da moça: é Rosinha que encontra seu destino nas mãos do namorado ciumento.

Os cortes no texto de Aníbal Machado nos impedem de acompanhar toda a trajetória do namorado de Rosinha; na TV, essa trajetória é construída a partir do texto de Shakespeare, assim toda a trama e o motivo da vingança de Tiago estabelecem conjunções com *Otelo*.

Tiago percorre a trajetória de Iago. Como não consegue o posto pretendido, começa a sugerir a Otelo uma possível traição de Desdêmona com o tenente Cássio. Iago rouba o lenço que Otelo dera de presente para a esposa como prova de amor eterno. Otelo, ao encontrar o lenço no dormitório de Cássio acredita na falsa prova, só desmascarada por Emília após a trágica morte de Desdêmona.

Armandinho corresponde a Cássio, embora ganhe outra característica, que é o fato de representar o típico carioca, no jeito e no trato com as mulheres. Emília, personagem homônima, tem a mesma função em ambos os textos. Rosinha corresponde à personagem central de Aníbal Machado e à Desdêmona de Shakespeare. Marcelo é o namorado ciumento, que no texto de Aníbal Machado não é nomeado, e a Otelo, na peça de Shakespeare.

**Comentários e sugestões**

Esta adaptação apresenta uma peculiaridade, pois é resultado da leitura de dois textos. Um dos aspectos interessantes é apontar para o aluno quais os pontos de contato entre eles para que possam resultar em um texto único; o que fica e o que é eliminado de ambos os textos. É evidente que a questão temática é centralizadora, ou seja, é a partir do ciúme que se constrói a adaptação.

A construção dos personagens também é um dado importante neste processo de transposição; é necessário reconhecer as fusões e desvios escolhidos pelo roteirista.

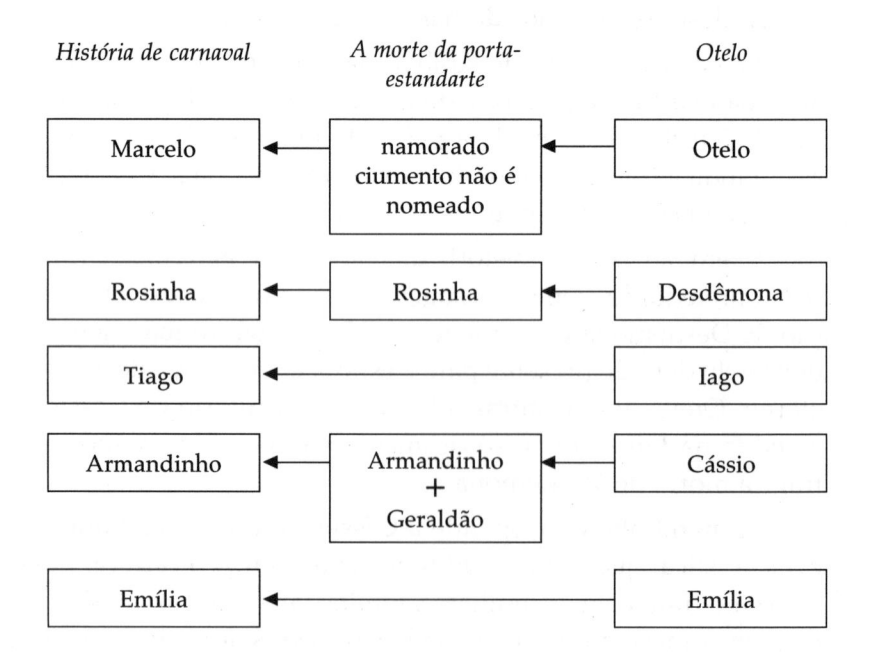

| *História de carnaval* | *A morte da porta-estandarte* | *Otelo* |
|---|---|---|
| Marcelo | ← namorado ciumento não é nomeado ← | Otelo |
| Rosinha | ← Rosinha ← | Desdêmona |
| Tiago | ← | Iago |
| Armandinho | ← Armandinho + Geraldão ← | Cássio |
| Emília | ← | Emília |

Na sala de aula, o professor pode adotar algumas estratégias com os alunos:

a) verificar os pontos de contato entre as obras originais e analisar a importância da temática para esse tipo de adaptação;

b) analisar a trajetória dos personagens, estudando o resultado da fusão de personagens;

c) propor que um grupo de alunos escolha dois textos para produzir o roteiro de uma adaptação, com a exposição dos critérios de escolha dos textos e da construção de personagens.

A adaptação como resultado do diálogo entre várias obras é possível a partir da análise dos elementos conjuntivos e do alcance de cada texto na composição da narrativa.

### 6.7. Programas de longa duração: microssérie e minissérie

*6.7.1. A peça teatral adaptada para microssérie*

A elaboração de um projeto pedagógico com adaptações de longa duração, como as microsséries, necessitará de um conjunto de aulas para ser desenvolvido. O ideal é estudar por partes, tomando cada bloco do programa durante a aula, como verificaremos com a adaptação da peça teatral o *Auto da compadecida*, de Ariano Suassuna. As microsséries contêm em média de 2 a 5 capítulos, geralmente exibidos ao longo da semana.

Título: *Auto da compadecida*

Texto original: *Auto da compadecida*, de Ariano Suassuna

**Ficha técnica**[50]

Direção: Guel Arraes

Roteiro: Adriana Falcão, João Falcão e Guel Arraes

---

50. www.adorocinema.com/filmes/auto-da-compadecida

Personagens:

João Grilo (Matheus Nachtergaele): amigo de Chicó, juntos lutam para sobreviver

Chicó (Selton Mello): costuma contar seus "causos" para João Grilo

Eurico (Diogo Vilela): padeiro

Dora (Denise Fraga): mulher do padeiro

Padre João (Rogério Cardoso): padre de Taperoá

Bispo (Lima Duarte): visita a paróquia, participa do testamento da cachorra

Cangaceiro Severino (Marco Nanini): invade a cidade

Comparsa de Severino (Enrique Diaz): enganado por João Grilo, acaba atirando em Severino

Major Antônio Morais (Paulo Goulart): briga com o padre

Rosinha (Virgínia Cavendish): filha do major

Cabo Setenta (Aramis Trindade): rival de Chicó

Vicentão (Bruno Garcia): amante de Dora

Manuel (Maurício Gonçalves): Jesus

Diabo (Luiz Melo): pretende levar todos

Compadecida (Fernanda Montenegro): intercede pelas almas, defende João Grilo

**Adaptação**

Esta adaptação foi produzida, em 1998, no formato microssérie, apresentada em 4 capítulos, divididos em 4 blocos, obteve grande sucesso na época; posteriormente foi levada para o cinema com 100 minutos a menos. Aqui trataremos somente da microssérie, porque nosso objetivo é analisar a produção na TV.

Nas primeiras imagens temos os personagens principais João Grilo e Chicó, carregando um cartaz para anunciar a exibição do filme.

*João Grilo: Vai passar "A paixão de Cristo", um filme de aventura!*
*(...)*
*Chicó: Um filme de mistérios e milagres!*

Em seguida são exibidas a vinheta de apresentação e a ficha técnica, tendo como fundo cenas tiradas de um filme antigo sobre a paixão de Cristo.

Uma voz em *off* nos informa sobre o título do episódio: "O testamento da cachorra".

Já nas primeiras cenas nota-se que João Grilo é muito esperto e utiliza-se de várias artimanhas para resolver os problemas.

Como João e Chicó não conseguem o dinheiro da exibição do filme, acabam arrumando emprego de ajudante do padeiro.

Neste episódio, a cachorra de Dora adoece; o conflito central é fazer com que o padre João vá até a casa do padeiro para benzer a cadela. O padre não aceita e a cachorra morre. Mesmo assim, Dora quer a presença do padre para rezar a missa do pobre bicho. Para convencer o padre, João Grilo inventa a existência de um testamento beneficiando a igreja e o padre acaba rezando a missa.

No decorrer desses acontecimentos, Severino, o cangaceiro, entra na cidade fantasiado de mendigo e não consegue nenhuma esmola; tal fato aumenta seu ódio pelos habitantes.

O título do segundo episódio é "O gato que descome dinheiro". João Grilo arma um plano para ganhar dinheiro de Dora; Chicó coloca três moedas no gato que descome dinheiro. Dora compra o gato e descobre que fôra enganada e junto com Eurico vai buscar João Grilo.

Para safar-se da ira do padeiro e de Dora, João Grilo finge que está com peste bubônica e morre; depois do velório, realizado pelo padre, Chicó está saindo da cidade com o corpo do amigo para ser enterrado em outro lugar. Nesse momento, o cangaceiro Severino e seus homens invadem a cidade e prendem os moradores na igreja.

João Grilo ressuscita e diz a Severino que trazia uma mensagem de padre Cícero, por isso o cangaceiro solta a todos e João Grilo é louvado.

Como não pode mais voltar para a casa do padeiro, João Grilo vai até a fazenda do major Antônio Morais, que o contrata como seu empregado. A primeira tarefa de João Grilo é ir buscar Rosinha, filha do major, que está chegando da capital.

Na festa da padroeira, Chicó e Rosinha se conhecem e se apaixonam. João Grilo, sabendo do dote da moça, pretende ajudar o amigo para que essa união aconteça.

O terceiro episódio traz o título "A peleja de Chicó contra os dois ferrabrás". João Grilo conversa com Cabo Setenta e Vicentão e marca um encontro com Chicó para provar a Rosinha quem é o mais valentão. Na hora marcada, Chicó consegue se livrar do duelo, provocando os outros pretendentes e afugentando-os. Assim, Chicó ganha fama de valentão e fica com o coração de Rosinha.

Chicó vai à fazenda pedir a mão de Rosinha e recebe 10 contos de réis como empréstimo para o casamento. Em troca ele assina um papel se comprometendo a saldar a dívida ou dar um pedaço de seu couro.

João Grilo arquiteta outro plano para conseguir o dinheiro e pagar Antônio Morais. Chicó deveria passar uma noite de amor com Dora, que não paga porque nada acontece.

Ainda tentando livrar o amigo, João Grilo arma outro plano: Chicó colocaria no pescoço a bexiga com sangue do gato e João Grilo, disfarçado de cangaceiro, mataria Chicó, mas o plano não dá certo pois quem aparece é o próprio Severino.

No quarto episódio ("O dia que João Grilo se encontrou com o Diabo"), Severino mata o Padeiro, Dora, o Bispo, o Padre; o comparsa de Severino mata João Grilo depois de ser enganado por ele com a história da gaita que ressuscitava as pessoas.

Depois de mortos, começa o julgamento. O Diabo quer levar todos para o inferno, neste momento aparece Manuel e a Compadecida, que irá interceder pelos personagens encaminhados para o purgatório, menos João Grilo, pois tem a concessão de tentar novamente e se redimir de seus atos. Deste modo, João Grilo volta ao convívio com Chicó.

Chicó e Rosinha se casam e junto com João Grilo partem da fazenda, expulsos por Antônio Morais.

**Texto original**

A peça de Ariano Suassuna foi inspirada em textos populares. São eles: *O castigo da soberba* (auto popular, anônimo, do romanceiro nordestino), *O enterro do cachorro* (romance popular anônimo, do Nordeste) e *História do cavalo que defecava dinheiro* (romance popular anônimo, do Nordeste)

A peça foi encenada pela primeira vez em 1956 (RJ) e, posteriormente, em 1967 (SP); contava com os seguintes personagens: Palhaço, João Grilo, Chicó, Padre João, Antônio Morais, Sacristão, Padeiro, Mulher do Padeiro, Bispo, Frade, Severino do Aracaju, Cangaceiro, Demônio, O Encourado (o Diabo), Manuel (Jesus), a Compadecida (Nossa Senhora).

No início do roteiro encontramos observações sobre o cenário. O espaço da peça é concebido como um picadeiro de circo, "pode apresentar uma entrada à direita, com uma pequena balaustrada ao fundo, uma vez que o centro do palco representa um desses pátios comuns nas igrejas das vilas do interior. A saída para a cidade é à esquerda e pode ser feita através de um arco. Nesse caso, seria conveniente que a igreja, na cena do julgamento, passasse a ser a entrada do céu e do purgatório"[51].

As peripécias de João Grilo e Chicó estão no texto original, assim como os diálogos. Temos o episódio da missa do cachorro, o gato que descome dinheiro e o julgamento.

---

51. Suassuna, Ariano. *Auto da compadecida*. 27. ed. Rio de Janeiro: Agir, 1993, p. 21.

**Comentários e sugestões**

Na passagem da peça teatral para a TV, muitos dos diálogos foram mantidos, como ocorre em *Vidigal* e *Os mistérios do sexo*. A grande diferença que podemos notar é o espaço cênico. No caso do *Auto da compadecida*, o cenário montado como um picadeiro se perde, mas se ganha na amplitude dos espaços construídos, como o interior da igreja, a casa do padeiro, os locais da cidade e, principalmente, a criação de um espaço "virtual" para a encenação dos casos "vividos" e contados por Chicó.

Com base nas histórias populares que inspiraram a escritura da peça, verificaremos que não há desvios na estrutura da narrativa, pois a maior parte dos episódios da peça teatral chegou até a adaptação.

O texto *O castigo da soberba* está representado no quarto capítulo. *O enterro do cachorro* e *História do cavalo que defecava dinheiro* correspondem, respectivamente, ao primeiro e segundo capítulos. Somente o terceiro episódio não pertence à peça, mas a outras obras de Ariano Suassuna, *O santo e a porca* e *Torturas de um coração*, conforme Maria Isabel Orofino[52].

Quanto à composição dos personagens, vale destacar o Palhaço, presente somente na peça teatral. A função desse personagem é situar o espectador no andamento da narrativa, por isso a interação com o público é acentuada, como podemos notar já em suas primeiras falas:

> Palhaço (grande voz):
> Auto da compadecida! O julgamento de alguns canalhas, entre os quais um sacristão, um padre e um bispo, para exercício da moralidade.
>
> Toque de clarim

---

52. Orofino, Maria Isabel. *Mediações na produção de teleficção. Videotecnologia e reflexividade na microssérie Auto da Compadecida*. Tese de doutorado. ECA/USP, 2001, p. 40.

A intervenção de Nossa Senhora no momento propício para triunfo da misericórdia. Auto da compadecida!

Toque de clarim

Palhaço: Ao escrever esta peça, onde combate o mundanismo, praga de sua igreja, o autor quis ser representado por um palhaço, para indicar que sabe, mais do que ninguém, que sua alma é um velho catre, cheio de insensatez e de solércia. Ele não tinha o direito de tocar nesse tema, mas ousou fazê-lo, baseado no espírito popular de sua gente, porque acredita que esse povo sofre, é um povo salvo e tem direito a certas intimidades[53].

O personagem também apresenta informações sobre outros personagens, sobretudo na passagem de um ato para outro:

Palhaço: "Muito bem, muito bem. Assim se conseguem as coisas neste mundo. E agora, enquanto Xaréu se enterra "em latim", imaginemos o que se passa na cidade. Antônio Morais saiu furioso com o padre e acaba de ter uma longa conferência com o bispo a esse respeito. Este, que está inspecionando sua diocese, tem que atender a inúmeras conveniências. Em primeiro lugar, não pode desprestigiar a Igreja, que o padre, afinal de contas, representa na paróquia. Mas tem também que pensar em certas conjunturas e transigências, pois Antônio Morais é dono de todas as minas da região e é um homem poderoso, tendo enriquecido fortemente o patrimônio que herdou, e que já era grande, durante a guerra, em que o comércio de minérios esteve no auge. De modo que lá vem o bispo. Peço todo o silêncio e respeito do auditório, porque a grande figura que se aproxima é, além de bispo, um grande administrador e político. Sou o primeiro a me curvar diante deste grande príncipe da Igreja, prestando-lhe minhas mais carinhosas homenagens[54].

---

53. Suassuna, Ariano. Op. cit., pp. 22-24.
54. Idem, pp. 71-72.

Nesta fala, o Palhaço retoma brevemente o último acontecimento, isto é, o enterro do cachorro, aspecto que tem como função situar o espectador; o personagem Antônio Morais é caracterizado pela seu poder econômico; o Bispo é anunciado.

Na adaptação, a intervenção do Palhaço não ocorre; o telespectador precisa estar atento à passagem de um episódio para outro, visto que termina com um gancho — muito próximo das telenovelas. A força política do major nos é apresentada nas falas e temores de Padre João, na maneira como o Padeiro recebe o major, e na composição do personagem (atuação). O Padre tem receio de ser punido pelo Bispo, pois este tem poder e está a caminho para uma visita à paróquia; o rigor com que o Bispo, supostamente, trataria o assunto da missa do cachorro, é desfeito diante da quantia reservada para a Diocese, no testamento. Assim, o conteúdo da fala do Palhaço encontra-se diluído na construção da narrativa.

No episódio da morte de João Grilo, momentos que antecedem o julgamento, temos um diálogo entre o Palhaço e Chicó:

Palhaço (entrando): Peço desculpas ao distinto público que teve de assistir a essa pequena carnificina, mas ela era necessária ao desenrolar da história. Agora a cena vai mudar um pouco. João, levante-se e ajude a mudar o cenário. Chicó! Chame os outros.
Chicó: Os defuntos também?
Palhaço: Também.
Chicó: Senhor Bispo, Senhor Padre, Senhor Padeiro!
Aparecem todos.
Palhaço: É preciso mudar o cenário, para a cena do julgamento de vocês. Tragam o trono de Nosso Senhor! Agora a igreja vai servir de entrada para o céu e para o purgatório. O distinto público não se espante ao ver, nas cenas seguintes, dois demônios vestidos de vaqueiro, pois isso decorre de uma crença comum no sertão do Nordeste[55].

---

55. Idem, pp. 134-135.

A figura do Palhaço interrompe a narrativa, ou seja, com esta intervenção processa-se um corte, cujo objetivo é preparar o palco para a mudança cênica. Na televisão, esse personagem perde sua função, visto que os cortes são feitos a partir da construção de planos-seqüência, criando o sentido do texto; portanto, o Palhaço não precisa ser levado para a adaptação.

O Padre João, na adaptação, é resultado da fusão de Padre João e o Sacristão, pois ambos possuem características semelhantes e aceitam realizar a missa do cachorro em troca de dinheiro. No terceiro episódio, Eurico ajuda o Padre durante a missa, exercendo, portanto, a função de sacristão. Os personagens Demônio e Diabo são transformados em apenas um: o Diabo.

O Frade é excluído do texto. Os outros personagens não sofrem modificações, como Manuel e a Compadecida.

O romance entre Rosinha e Chicó foi incluído no terceiro episódio, sem prejuízo para a composição da narrativa; este acréscimo só é possível por se tratar de uma microssérie.

O sucesso desta adaptação pode constituir um aspecto positivo para o desenvolvimento de um projeto de leitura na sala de aula, pois é possível que os alunos tenham assistido ao programa. O *Auto da compadecida* é uma adaptação que exigirá um número maior de aulas para a elaboração das atividades de leitura e exibição. O ideal seria ler o texto de Ariano Suassuna junto com os alunos ou propor a encenação da peça, com o auxílio do professor de Educação Artística, seguindo as estratégias apontadas[56]:

a) exibir um episódio por aula, discutindo a construção das imagens, com destaque para os casos narrados por Chicó; observar o tipo de película utilizado;

b) estudar a finalização de cada episódio e compará-lo com as telenovelas;

c) discutir a construção do cenário;

---

56. Ver Balogh, Ana Maria. *O discurso ficcional na TV*. São Paulo: Edusp, 2002.

d) estudar a caracterização dos personagens e sua composição pelos atores;

e) destacar a importância do Palhaço, no teatro, e as razões para sua ausência, na televisão;

f) ler o texto original, levantando os aspectos mais importantes, tais como, estrutura da narrativa, caracterização de personagens, temática, relações com a produção literária do autor;

g) preparar a encenação da peça ou de partes dela (pode ser uma produção caseira com vídeo); seria interessante propor a exposição do processo de leitura realizado pelos alunos para que eles apresentem suas conclusões sobre a peça.

Antes de elaborar um projeto de leitura com adaptações, como o *Auto da compadecida*, seria mais recomendável o estudo com aquelas adaptações que exigem apenas uma aula para a exibição. Quando o aluno reconhecer aspectos que caracterizam o processo de transposição das linguagens, ele poderá trabalhar com maior facilidade textos que exigirão um tempo maior de dedicação.

### 6.7.2. Minisséries inspiradas em romances

Nesta mesma linha de programas com maior tempo de duração, podemos indicar a adaptação do romance de Guimarães Rosa, *Grande sertão: veredas*. O roteiro da minissérie foi escrito por Walter George Durst, dirigida por Walter Avancini, e produzida pela TV Globo. De modo geral, esse formato exige do adaptador a criação de episódios que não fazem parte da obra original. Trata-se de um projeto ousado dentro da produção televisiva, pois envolve um grande investimento para compor uma média de 20 a 50 capítulos.

De acordo com Osvando José de Morais[57], o romance de Guimarães Rosa sofreu reduções quando foi para a TV. O

---

57. Morais, Osvando José de. *Grande sertão: veredas. O romance transformado*. São Paulo: Edusp, 2000. O autor baseia-se no conceito de tradução intersemiótica para analisar as relações entre o romance de Guimarães Rosa e a adaptação.

tema do homossexualismo, por exemplo, não foi discutido no texto adaptado, pois "o não-tratamento do tema significa uma opção deliberada, que provavelmente foi pautada por razões moralistas e mercadológicas"[58]. Para a escolha dos atores foram feitas pesquisas de opinião que apontaram como negativa a abordagem do tema, por isso a presença de Bruna Lombardi pareceu a melhor decisão, pois tinha como objetivo eliminar a ambigüidade do personagem em relação à sexualidade[59].

A adaptação de *Grande sertão: veredas*, considerada difícil na opinião de Daniel Filho[60], "operou desvios com relação ao original"[61], devido ao universo sertanejo criado por Guimarães Rosa que tornava complexa a representação visual[62]. O resultado, no entanto, ultrapassou as expectativas da equipe de produção, pois foi considerado um dos melhores trabalhos produzidos pela televisão brasileira.

Outras minisséries podem ser trabalhadas em sala de aula, como *Os maias*, adaptação de Maria Adelaide Amaral, inspirada no romance de Eça de Queiroz. No caso deste trabalho foram acrescentados episódios inspirados nos romances *A relíquia* e *A capital*, do mesmo autor, para compor os 42 capítulos exibidos na TV Globo em 2001.

A minissérie *A muralha*, levada ao ar em 2000, inspirada no romance de Dinah Silveira de Queiroz, adaptada por Maria Adelaide Amaral, ganhou destaque na época pela inovação no padrão visual e porque emocionou o público com a criação da trajetória de personagens como Moatira, que não fazia parte do romance. Segundo a adaptadora, o romance é um ponto

---

58. Idem, p. 25.
59. Idem, p. 38.
60. www.telenovela.hgp.ig.com.br/sertao.htm Bastidores de *Grande sertão: veredas*. Neste *site* Daniel Filho declara que o romance de Guimarães Rosa era considerado "inadaptável", mas o empenho de Avancini resultou em um grande espetáculo.
61. Morais, Osvando José de. Op. cit., p. 38.
62. Morais, Osvando José de. Op. cit., p. 26.

de partida e muitas vezes os acréscimos são necessários em se tratando de minissérie[63].

*A casa das sete mulheres*, também adaptado por Maria Adelaide Amaral, do romance homônimo escrito por Letícia Wierzchowski, dirigida por Denise Sarraceni, recentemente exibida pela TV Globo, em 2003, ganhou episódios inspirados na História do Brasil, durante a Guerra dos Farrapos, cuja seleção foi feita a partir do grau de dramaticidade que o elemento histórico podia dar à ficção.

Para desenvolver o trabalho com as minisséries, dada a sua duração, é importante o professor selecionar alguns capítulos, observando os elementos conjuntivos e disjuntivos, a fim de analisar a criação de novos episódios em relação à obra original, a redução ou a articulação com outros textos literários.

---

63. O debate "Ficção e história", promovido pela ECA/USP, em 31/03/2003, coordenado por Maria Immacolata Vassalo de Lopes, centrado na discussão sobre "O papel da ficção na recuperação da memória histórica brasileira. As relações entre criação ficcional e historiografia", contou com a presença de Maria Adelaide Amaral, Denise Sarraceni, entre outros.

# Conclusão

A televisão é um veículo que repercute na vida das pessoas, oferecendo entretenimento, informação e educação, em diferentes níveis. Por isso é importante reconhecer programas que contribuam para a formação do leitor.

Neste livro, enfatizamos possibilidades de transformar um material que não foi produzido para a escola, como as adaptações, mas que a partir da mediação do professor pode enriquecer as atividades didático-pedagógicas.

A elaboração de um projeto de leitura de adaptações depende do momento vivido na sala de aula, dos recursos técnicos disponíveis, mas principalmente da visão crítica do professor sobre o processo de transposição do texto literário para a TV.

Adaptar significa "modificar o texto de obra literária, ou tornando-o mais acessível ao público a que se destina, ou transformando-o em peça teatral, *script* cinematográfico etc."[1]. Nesse sentido, a TV reescreve o texto literário a partir de outros princípios discursivos, como vimos nas adaptações aqui estudadas. As modificações sofridas pela obra original revelam diferentes formas de composição de textos ficcionais, indicando como os gêneros literários acionam modos particulares de constituir os argumentos e roteiros elaborados pelo adaptador.

---

1. Ferreira, Aurélio Buarque de Holanda. *Dicionário da língua portuguesa*. Rio de Janeiro: Nova Fronteira, 1995.

Procuramos mostrar como as adaptações podem se constituir em poderosa instância para ampliar e diversificar a leitura, tanto dos textos ficcionais, literários, como da própria linguagem televisiva.

É importante destacar que o desenvolvimento do estudo das adaptações não reduz o trabalho com a Literatura, ao contrário, pode trazer novas discussões para a sala de aula, na medida em que opera com a linguagem literária e da TV, estabelecendo um diálogo entre Literatura e Comunicação.

# Bibliografia

ACHCAR, Dalal. Ballet. *Artes. Técnica. Interpretação*. Rio de Janeiro: Cia. Brasileira de Artes Gráficas, 1980.

ADAMI, Antonio. *A semiótica das adaptações literárias no cinema e na televisão: análise de "Carmen", de Carlos Saura*. Tese de doutorado. FFLCH/USP, 1994.

ADORNO, Theodor. Indústria cultural. In: COHN, G. *Comunicação e indústria cultural*. 2. ed. São Paulo: Nacional, 1975, pp. 287-295.

ALMEIDA, José Américo de. *A bagaceira*. São Paulo: Círculo do Livro, 1980.

ALMEIDA, Manuel Antônio de. Fisiologia da voz. In: MENDONÇA, Bernardo de. *Obra dispersa*. Rio de Janeiro: Graphia, 1991, pp. 19-26.

_____. *Memórias de um sargento de milícias*. Rio de Janeiro: Agir, 1966.

_____. *Memórias de um sargento de milícias*. Ed. crítica de Cecília de Lara. Rio de Janeiro: LTC, 1978.

ANDRADE, Mário de. Introdução. In: ALMEIDA, Manuel Antônio de. *Memórias de um sargento de milícias*. Ed. crítica de Cecília de Lara. Rio de Janeiro: LTC, 1978.

_____. *Poesias completas*. Belo Horizonte-Rio de Janeiro: Villa Rica, 1993.

ANDRADE, Carlos Drummond de. *Reunião*. 10. ed. Rio de Janeiro: José Olympio, 1980.

ARRUDA, Maria Arminda do Nascimento. Por detrás das plumas e dos paetês: reflexões sobre Gabriela. *Encontros com a Civilização Brasileira*. São Paulo, n. 3, pp. 181-193, setembro 1978.

AUMONT, Jacques. *A imagem*. Campinas: Papirus, 1995.

AVERBUCK, Lígia. *Literatura em tempo e cultura de massa*. São Paulo: Nobel, 1984.

BAKHTIN, Mikhail. Introdução. In: *Cultura popular da Idade Média e do Renascimento*. 2. ed. Trad. Yara Frateschi. São Paulo: EDUNB/ Hucitec, 1994.

BALOGH, Anna Maria. A palavra que prevê a imagem: o roteiro. *Revista de Comunicações e Artes*. São Paulo, ano 15, n. 23, pp. 37-44, maio/agosto, 1990.

_____. *Conjunções, disjunções, transmutações: da Literatura ao cinema e à TV*. São Paulo: Annablume, 1996.

_____. Função poética e televisão. *Significação*, São Paulo, n. 8/9, pp. 37-47, outubro 1990.

_____. *O discurso ficcional na TV*. São Paulo: Edusp, 2002.

_____. Reflexões sobre tradução inter-semiótica. *Significação*, São Paulo, n. 3, pp. 117-138, abril 1985.

BARBOSA, Lívia. *O jeitinho brasileiro. A arte de ser mais igual que os outros*. Rio de Janeiro: Campos, 1992.

BARKER, Ronald & ESCARPIT, Robert. *A fome de ler*. Rio de Janeiro: FGV/MEC, 1975.

BARTHES, Roland. *O prazer do texto*. 3. ed. São Paulo: Perspectiva, 1993.

BAUDRILLARD, Jean. *A sociedade de consumo*. Trad. Artur Morão. Lisboa: Edições 70, 1995.

_____. *O sistema dos objetos*. São Paulo: Perspectiva, 1973.

BERNADET, Jean-Claude. *O que é cinema*. São Paulo: Brasiliense, 1985.

BESSA, Pedro Pires. A televisão na literatura: um olhar sobre a obra de Ignácio de Loyola Brandão. *Revista de Cultura Vozes*. Rio de Janeiro, v. 80, n. 4, pp. 21-40, maio 1986.

BETTELHEIM, Bruno. *A psicanálise dos contos de fadas*. 15. ed. São Paulo: Paz e Terra, 2001.

BORDIEU, Pierre. Bourdieu desafia a mídia internacional. *Folha de S.Paulo*, 17 out. 99, p. 8.

BORELLI, Sílvia Helena Simões. Gêneros ficcionais: materialidade, cotidiano, imaginário. *In:* SOUSA, Mauro Wilton de (org.). *Sujeito, o lado oculto do receptor*. São Paulo: Brasiliense/ECA/USP, 1995.

BOSI, Alfredo. Plural, mas não caótico. In: *Cultura brasileira*. 2. ed. São Paulo: Ática, 1992, pp. 7-15.

BRANDÃO, Helena & MICHELETTI, Guaraciaba (coords.). *Aprender e ensinar com textos*. São Paulo: Cortez, 1997, v. 2.

BRANDÃO, Rogério. TV de qualidade: e o que é de qualidade? *Folha de S. Paulo*, 12 set. 99, p. 7.

BROCA, Brito. O anônimo e o pseudônimo na literatura brasileira. *Horas de leitura*. São Paulo: UNICAMP, 1992.

CAMACHO, Marcelo & SANCHES, Neusa. Ilusões digitais. *Revista Veja*. São Paulo: Abril, ano 29, n. 28, 10 jul. 96, pp. 106-108.

CAMPADELLI, Samira Y. *A telenovela*. 2. ed. São Paulo: Ática, 1987.

CANDIDO, Antonio. Dialética da malandragem. In: *O discurso e a cidade*. São Paulo: Duas Cidades, 1993, pp. 19-54.

_____. *Literatura e sociedade*. 2. ed. São Paulo: Nacional, 1967.

_____. Literatura e subdesenvolvimento. In: *A educação pela noite*. São Paulo: Ática, 1987, pp. 140-162.

_____. et alii. *A personagem de ficção*. 9. ed. São Paulo: Perspectiva, 1992.

CANEVACCI, Massimo. A cultura dos meios de comunicação de massa e a meta-comunicação. *Revista de Comunicação e Artes*. São Paulo: ano 15, n. 26, julho/dezembro, 1991, pp. 47-56.

CAPARELLI, Sérgio. *Televisão e capitalismo no Brasil*. Porto Alegre: L&PM, 1982.

CITELLI, Adilson (coord.). *Aprender e ensinar com textos*. São Paulo: Cortez, 1997, v. 3.

COELHO NETO, Henrique M. *O patinho torto*. Porto: Livraria Chardon, 1924.

COMPARATO, Doc. *Da criação ao roteiro. A arte de escrever para cinema e televisão*. Lisboa: Pergaminho, 1993.

_____. *Roteiro: arte e técnica de escrever para cinema e televisão*. Rio de Janeiro: Nórdica, 1983.

CORDOVANI, Glória Maria. *Millôr Fernandes, uma voz de resistência*. Tese de doutorado. FFLCH/USP, 1997.

COSTA, Emília Viotti da. *Da senzala à Colônia*. São Paulo: Livraria Ciências Humanas, 1966.

COSTA, Iná Camargo. Sinta o drama. In: *Sinta o drama*. Petrópolis: Vozes, 1998, pp. 51-74.

DAMATTA, Roberto. *Carnavais, malandros e heróis. Para uma sociologia do dilema brasileiro*. 6. ed. Rio de Janeiro: Rocco, 1997.

DANNEMANN, Fernanda. Metamorfoses. Escritores e adaptadores falam das mudanças que a obra literária sofre ao ser transportada para a televisão. *Folha de S. Paulo*, 9 fev. 2003.

ECO, Umberto. *Apocalípticos e integrados*. São Paulo: Perspectiva, 1979.

FADUL, Ana Maria. Indústria cultural e comunicação de massa. *Idéias*. São Paulo, FDE, n. 17, pp. 53-59, 1993.

FAUSTO, Boris. O regime militar (1964-1985). In: *História do Brasil*. São Paulo: EDUSP/FDE, 1998.

FERNANDES, Ismael. *Memória da telenovela brasileira*. 3. ed. São Paulo: Brasiliense, 1982.

FERNANDES, Millôr. A história é a istória. In: *Teatro completo*. Porto Alegre: L&PM, 1994, v. 1.

_____. *Millôr definitivo: a Bíblia do caos*. 7. ed. Porto Alegre: L&PM, 1994.

_____. Razão, razão. In: *Flávia, cabeça, tronco e membros*. Porto Alegre: L&PM, 1977.

_____. *Vidigal: memórias de um sargento de milícias*. Porto Alegre: L&PM, 1981.

FERRARA, Lucrécia D'Alessio. Adaptação na telenovela: Vejo a lua no céu. In: *Da literatura à TV*. São Paulo: IDART/Secretaria Municipal de Cultura, 1981, pp. 15-32.

FERREIRA, Aurélio Buarque de Holanda. *Novo dicionário básico da língua portuguesa*. Rio de Janeiro: Nova Fronteira, 1988.

FONSECA, Rubem. *A coleira do cão*. Rio de Janeiro: Olivé Editor, 1965.

FRANCO, Marília da Silva. Uma invenção dos diabos. In: *Literatura em tempo de cultura de massa*. São Paulo: Nobel, 1984.

GALVÃO, Walnice Nogueira. No tempo do rei. In: *Saco de gatos*. São Paulo: Duas Cidades, 1976, pp. 27-33.

GERALDI, João Wanderley & CITELLI, Beatriz (coords.). *Aprender e ensinar com textos*. São Paulo: Cortez, 1997, v. 1.

GOTO, Roberto. *Malandragem revisitada*. São Paulo: Pontes Editores, 1988.

GRANATIC, Branca. *Os recursos humorísticos na obra de Millôr Fernandes*. Dissertação de mestrado. FFLCH/USP, 1987.

HANSEN, João Adolfo. *Alegoria*. São Paulo: Atual, 1986.

JAROUCHE, Mamede Mustafa. *Sob o império da letra: imprensa e política no tempo das Memórias de um sargento de milícias*. Tese de doutorado. FFLCH/USP, 1997.

KOTHE, Flávio. *A alegoria*. São Paulo: Ática, 1986.

LEITE, Lígia Chiappini Moraes. Vera Cruz: cinema e literatura. *Cadernos de literatura e ensino*. São Paulo, 1978, pp. 61-71.

LIMA, Luiz Costa (org.). *A literatura e o leitor. Textos de estética da recepção*. Rio de Janeiro: Paz e Terra, 1979.

LOBATO, Monteiro. O comprador de fazendas. In: *Urupês*. 23. ed. São Paulo: Brasiliense, 1978.

LUCHETTI, Alberto. Para fazer um programa ético e popular. *Folha de S. Paulo*. 17 out. 99, p. 6.

MACHADO, Aníbal. *A morte da porta-estandarte*. 13. ed. Rio de Janeiro: José Olympio, 1989.

MACHADO, Arlindo et alli. Imagem e imaginário da nova comunicação. *Revista Atrator Estranho*. São Paulo: ECA/USP, n. 3, 1993.

_____. O fonógrafo visual. *Revista Comunicação e Linguagens: O que É Cinema?* São Paulo: Cosmos, n. 23, dezembro 1996.

MACHADO, Luiz Toledo. Literatura e comunicação de massa. *Jornal Leitura*. São Paulo, 9 jul. 90, p. 10.

MALUF, José Roberto. Sem censura. *Folha de S. Paulo*, 19 set. 99, p. 6.

MARCONDES FILHO, Ciro. Telenovela e a lógica do capital. In: *Quem manipula quem?* Rio de Janeiro: Vozes, 1986, pp. 64-80.

_____. *Televisão*. São Paulo: Scipione, 1994.

MARTIN, Marcel. *A linguagem cinematográfica*. São Paulo: Brasiliense, 1990.

MARTÍN-BARBERO, Jesus. América Latina e os anos recentes: o estudo da recepção em comunicação social. *In:* SOUSA, Mauro Wilton de (org.). *Sujeito oculto do receptor*. São Paulo: Brasiliense/ECA/USP, 1995.

_____. *De los medios a las mediaciones*. Barcelona: Gustavo Gili, 1987.

MARTÍN-BARBERO, Jesus. Em busca do sujeito da recepção. *Revista de Comunicação e Artes*. São Paulo, Cosmos, ano 15, n. 26, pp. 5-15, julho/dezembro, 1991.

MATTELART, Armand & MATTELART, Michèle. *O carnaval das imagens: a ficção na TV*. São Paulo: Brasiliense, 1989.

MENDONÇA, Bernardo de. D'Almeida, Almeida, Almeidinha, A., Maneco, Um Brasileiro: mais um romance de costumes. In: ALMEIDA, Manuel Antônio de. *Obra dispersa*. Rio de Janeiro: Graphia, 1991.

MENDES JR., Antonio; RONCARI, Luiz & MARANHÃO, Ricardo. Brasil. *História. Império*. 4. ed. São Paulo: Brasiliense, 1983, v. 2.

METZ, Christian. *A significação no cinema*. 2. ed., São Paulo: Perspectiva, 1977.

_____. *Linguagem e cinema*. São Paulo: Perspectiva, 1980.

MEYER, Marylise & DIAS, Vera Santos. Página virada, descartada, de meu folhetim. In: AVERBUCK, Ligia (org.). *Literatura em tempo de cultura de massa*. São Paulo: Nobel, 1984.

MORAIS, Osvando José de. *Grande sertão: veredas. O romance transformado*. São Paulo: Edusp, 2000.

OLINTO, Heidrun Krieger. Leitura e leitores: variações sobre temas diferentes. In: *Coleção Ler e Pensar*, Proler/Casa da Leitura, Rio de Janeiro: n. 1, pp. 15-54, 1995.

OROFINO, Maria Isabel. *Mediações na produção teleficcional. Videotecnologia e reflexividade na microssérie Auto da compadecida*. Tese de doutorado. ECA/USP, 2001.

ORTIGA, Odila Carreirão. *Riso e risível em Millôr Fernandes: o cômico, o satírico e o humor*. Tese de doutorado. FFLCH/USP, 1992.

PALO, Maria José & OLIVEIRA, Maria Rosa. *Literatura infantil. Voz da criança*. 3. ed., São Paulo: Ática, 1998.

PAULILLO, Maria Célia Rua de. O cronista do bom humor. In: *Literatura comentada*. São Paulo: Abril, 1981.

PEIXOTO, Fernando (org.). Vianinha. *Teatro. Televisão. Política*. São Paulo: Brasiliense, 1983.

PIGNATARI, Décio. *Signagem na televisão*. 2. ed., São Paulo: Brasiliense, 1984.

PLAZA, Julio. *Tradução intersemiótica*. São Paulo: Perspectiva, 1987.

PRETA, Stanislaw Ponte. *O melhor de Stanislaw Ponte Preta*. 5. ed. Rio de Janeiro: José Olympio, 1994.

PROPP, Vladimir. *Comicidade e riso*. São Paulo: Ática, 1992.

RANDAL, Johnson. Romance e filme. In: *Literatura e cinema. Macunaíma: do modernismo na literatura ao cinema novo*. São Paulo: T. A. Queiroz, 1982.

REBÊLO, Marques. *Para conhecer melhor Manuel Antônio de Almeida*. Rio de Janeiro: Bloch, 1973.

REY, Marcos. *O roteirista profissional: TV e cinema*. São Paulo: Ática, 1989.

RIBEIRO, José Alcides. *Imprensa e ficção no Brasil: Manuel Antônio de Almeida*. Tese de doutorado, PUC/SP, 1996.

_____. *Imprensa e ficção no século XIX*. São Paulo: UNESP, 1996.

ROCCO, Maria Thereza Fraga. O processo ficcional: do livro ao vídeo. In: PACHECO, Elza Dias (org.). *Comunicação, educação e arte na cultura infanto-juvenil*. São Paulo: Loyola, 1991, pp. 112-127.

_____. *Linguagem autoritária — televisão e persuasão*. São Paulo: Brasiliense, 1989.

ROSENFELD, Anatol. *O teatro épico*. Rio de Janeiro: Ao Livro Técnico, 1965.

ROSSI FILHO, Alécio. Verbo imagem. In: *Significação*. São Paulo, n. 8-9, pp. 129-144, 1990.

SANT'ANNA, Cristina. Telenovela x literatura, uma briga de foice. *Revista Escrita*, São Paulo, v. 11, n. 35, pp. 38-41, 1986.

SANTIAGO, Salviano. *Uma literatura nos trópicos*. São Paulo: Perspectiva, 1978.

SARTRE, Jean-Paul. *O que é literatura?* 2. ed. Trad. Carlos Felipe Moisés. São Paulo: Ática, 1993.

SCHWARZ, Roberto. Pressupostos, salvo engano, de "Dialética da malandragem". In: *Que horas são*. São Paulo: Cia. das Letras, 1987.

SCHWARCZ, Lilia Moritz. Ser peça, ser coisa: definições e especificidades da escravidão no Brasil. In: SCHWARCZ, Lilia Moritz & REIS, Letícia Vidor de Sousa. *Negras imagens*. São Paulo: EDUSP, 1996.

SODRÉ, Muniz. *O monopólio da fala*. Petrópolis: Vozes, 1977.

SLEMIAN, Andréa et alii. *Cronologia de história do Brasil Colonial (1500-1831)*. São Paulo: Departamento de História/FFLCH/USP, 1994.

STAM, Robert. Bakhtin. *Da teoria literária à cultura de massa*. Trad. Heloisa Jahn. São Paulo: Ática, 1992.

SUASSUNA, Ariano. *Auto da compadecida*. 27. ed. Rio de Janeiro: Agir, 1993.

TÁVOLA, Artur da. *A telenovela brasileira: história, análise e conteúdo*. São Paulo: Globo, 1996.

VANOYE, Francis. *Usos da linguagem*. 3. ed. São Paulo: Martins Fontes, 1982.

VASCONCELLOS, José Leite de. Designação de pessoas reais. In: *Antroponímia portuguesa*. Lisboa: Imprensa Nacional, 1928.

VERÍSSIMO, Érico. Sonata. In: *Ficção completa*. Rio de Janeiro: José Aguilar Editora, 1966, v. II.

VERÍSSIMO, José. Só lhe falta ser bem escrito. In: ALMEIDA, Manuel Antônio de. *Obra dispersa*. Rio de Janeiro: Graphia Editorial, 1991.

_____. Um velho romance brasileiro. In: ALMEIDA, Manuel Antônio de. *Memórias de um sargento de milícias*. Ed. crítica de Cecília de Lara. Rio de Janeiro: LTC, 1978.

VIDAL, Ariovaldo José. *Roteiro para um narrador*. São Paulo: Ateliê Editorial, 2000.

XAVIER, Ismail. *O discurso cinematográfico: a opacidade e a transparência*. São Paulo: Paz e Terra, 1984.

**Edições Interativas**

orbita.starmedia.com/~salvar e servir
www.uol.br/bibliaworld/acao/exercito.htm
www.globo.com./bravagente
www.adorocinema.com/filmes/auto-da-compadecida
www.telenovela.hgp.ig.com.br/sertao.htm

## Filmografia

Programas especiais:
*Vidigal*, de Jorge Furtado, Carlos Gerbase e José Torero.
*O comprador de fazendas*, de Carlos Gerbase e Jorge Furtado.
*A sonata*, de Júlio Fischer.
*A coleira do cão*, de Antônio Carlos de Fontoura.
*Os mistérios do sexo*, de Elizabeth Jhin.
*História do passarinho*, de Geraldo Carneiro.
*A bagaceira*, de João Emanuel Carneiro.
*Lira paulistana*, de Alexandre Machado e Fernanda Young.
*História de carnaval*, de Tiago Santiago.
Microssérie:
*Auto da compadecida*, de Adriana Falcão, João Falcão e Guel Arraes.
Minisséries:
*Grande sertão: veredas*, de Walter George Durst.
*Os Maias*, de Maria Adelaide Amaral.
*A muralha*, de Maria Adelaide Amaral.
*A casa das sete mulheres*, de Maria Adelaide Amaral.

**PARMA**
*Impresso nas oficinas da*
EDITORA PARMA LTDA.
Telefone: (011) 6462-4000
Av.Antonio Bardella, 280
Guarulhos – São Paulo – Brasil
Com filmes fornecidos pelo editor